Keep It Short & Simple!

성공하는 대화법

KISS 하듯 말하라!

김재화 지음

청어

성공하는 대화법

KISS하듯 말하라

김재화 지음

발행처 · 도서출판 **청어**
발행인 · 이영철
영 업 · 이동호
기 획 · 강보임 | 김홍순
편 집 · 김영신 | 방세화
디자인 · 오주연 | 김바라
제작부장 · 공병한
인 쇄 · 두리터

등 록 · 1999년 5월 3일(제22-1541호)

1판 1쇄 인쇄 · 2010년 6월 9일
1판 1쇄 발행 · 2010년 6월 11일

주소 · 서울시 서초구 서초동 1588-1 신성빌딩 A동 412호
대표전화 · 586-0477
팩시밀리 · 586-0478

블로그 · http://blog.naver.com/ppi20
E-mail · ppi20@hanmail.net
ISBN · 978-89-93563-92-4 (03810)

성공하는 대화법

KISS 하듯, 말하라!

여는 글

2010년 4월과 5월, 두 달 중 상당 일수를 아프리카 케냐에서 보냈다. 케냔(케냐人)들은 무척 가난했지만 낙천적이어서 잘 웃고 대화가 참 간략했다. 그들은 공용어인 영어보다는 스와힐리어에 익숙해 있었는데, 그 아프리카 토속언어는 어휘가 복잡하지 않고 발음도 비교적 쉬운 듯했다. 간단한(?) 스와힐리어가 재미있어서 짧은 문장 몇 마디를 배웠더니 그들과 소통이 가능했다. 그런데 우리말을 써서 하는 우리네 대화방식으로는 밤새워 토론해도 뭘 뜻하는지 핵심파악도 안 되는 게 부지기수이니, 도대체 어떻게 된 노릇일까?

지구상에는 6천 가지의 언어가 있는데, 각각 구조의 우월성은 다를 것이나 모두 마음을 의미로 변형시켜 나타내는 최고의 수단으로 쓰이고 있다. 중요한 것은 전달 방식의 차이가 성공하는 사람 또는 정반대의 실패자를 결정해버린다는 것이다.

나는 오랫동안 기업체나 대학 강단에서 '말'에 대해 '말'하면서 효과적인 '말하기' 방법이 없을까 고심했다. 박사과정에서 '스피치커뮤니케이션학'을 공부할 때, 난해한 언어이론서 말고 쉽게 이해할 '화술지침서' 같은 걸 쓰리라 했던 결심이 본 졸저(拙著)를 낸 계기이다.

나이로비는 술도 흔치 않은 곳이고, 숙소에는 룸메이트도 없어서 밤이면 혼자 이 원고작업에 매달렸다. 약 4년에 걸쳐 모으고 메모한 자료를 초저녁부터 아침까지 정리하느라 동 트는 아프리카 지평선을 자주 봤었다.

여행을 가기 전인 4월 초에 출판식다운 행사를 한번 치르자고 '프레스센터 국제회의장'을 장소로 덜컥 예약해버렸다. 이렇게 배수진을 쳐두지 않으면 오랫동안 쓰고자 했던 책이 또 미뤄질 것 같아서였다.

그러나 세상일이 어디 마음만으로 되는 것인가! 출판사를 정하는 일이 큰 문제였다. 우선 물리적 시간이 많지 않았다. 친한 벨라데따 자매(작가 김영두)께 어려움을 말했더니, 청어출판사의 이영철 대표를 연결해주었다.

출판사 운영자이기에 앞서 문단에서 이미 중견작가로 자리매김하고 있으며, '글과 말'에 대해 잘 아는 것은 물론 문인단체에서 맹렬히 활동하시는, 부지런하고 성격 깔끔한 이 대표를 만난 것은 큰 행운이었다.

하늘은 역시 인간을 구별 않고 두루 사랑해주시는 것 같다. 허점 많은 나를 매번 어여삐 여기고, 대신 능력 뛰어난 사람들을 주어서 도움을 받게 해주신다.

'스포츠조선' 연재물 〈에로비안나이트〉 시절부터 내 글을 읽어주시고 하염없이 격려해주시는 독자 분들과 자상하기 이를 데 없으신 시인 송현 형님, 굿디자이너 김용상 교수, 제자 이영헌 군, 워드작업을 도와준 김진주 양, 청어출판사 김영신 씨, 늦은 밤까지 컴퓨터를 떠나지 못하는 나의 건강을 걱정해준 아내 정선아, 첫 월급을 받아 5만원이라는 큰 선물을 내게 준 딸 다솜, 성악가를 꿈꾸는 아들 우진이, 스포츠조선의 김형중 부장 그리고 내게 '말과 글'로 살아갈 수 있는 영감을 주신 저 세상의 부모님께 감사드린다.

6월 첫여름 무렵

합정동 집필실에서 김재화

Contents

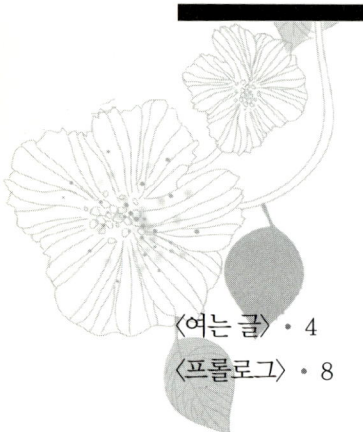

제3부 힘이 실리는 말, 힘이 빠지는 말

제4부 머리로 생각하고 입으로 말하고

제5부 말이나 글만이 커뮤니케이션은 아니다

프롤로그

촌철살인

간단한 말이나 글로 기선을 제압할 때 "촌철살인의 재주가 있다."고 한다.

촌철살인(寸鐵殺人), 간단한 말로 상대방을 감동시키거나 약점을 찌르는 것. 입담이 아주 좋은 사람이 순간적인 짧은 유머로 상대방을 넘어가게 하거나, 적재적소에 속을 시원하게 하는 글을 쓸 때를 이른다.

중국 송나라 때의 책 『학림옥로(鶴林玉露)』에 촌철살인의 유래가 나온다. 한 수레의 병기가 있다 해서 그것이 곧 사람을 죽이는 수단은 아니라는 것이다. 고명한 선사는 단지 짧은 쇠붙이 하나만으로도 사람을 무너뜨린다고 했다. 이것은 선(禪)의 요체를 갈파한 말로, 사실은 살인이 아니고 '자기 마음속의 속된 생각을 없애면' 크게 깨달음의 경지에 오른다는 뜻으로 쓴 말이다.

짧은 말로 다른 사람을 감동시키거나 기운을 불어넣어주는 것은 촌철생인(寸鐵生人)이라 해야 할까?

어뢰나 핵무기가 아니더라도 한 마디 말로 사람을 죽일 수 있고, 보약이 아니더라도 말로 사람을 살릴 수 있다.

Keep It Short & Simple!

감동을 주는 말이란 달변이냐 눌변이냐가 아니다. 그 말속에 함축적으로 어떤 말을 담았느냐이다.

스피드시대라서가 아니라 긴 말은 청중의 주목을 끌기 힘들고, 자칫 논리에 허우적대다가 정리를 못하고 만다. 안 하느니만 못하다.

서해 천안함 실종자의 무사귀환을 염원하는 시 「772함 수병은 귀환하라」는 전 국민들의 누선(淚腺)을 자극했다. 화려하고 긴 서사가 아닌 지극히 단문형이고 읽기 편한 구어체로 이뤄져 있다. "772함(艦) 나와라/ 온 국민이 애타게 기다린다."

그런가 하면 마치 침몰자들의 답시 같은 「수병(水兵)은 묵언(默言)으로 답한다」 역시 간단한 외침이었을 뿐인데 감정 가진 모든 이들의 통곡을 불렀다. "마지막 귀대 명령을 듣기 전에/ 나의 임무는 끝났다/ 그저 조국의 부름을 받았고/ 명령에 따라 나의 길을 갔을 뿐이다."

수상소감

'황정민' 이라는 배우가 있다. 그의 출연작은 기억 못하는 사람이 있을지 몰라도, 그의 수상소감은 전 국민이 다 안다. "저는 다른 사람이 차려준 화려한 밥상에 그저 숟가락만 들고 앉은 사람에 불과해요."

상 받은 기분을 "주위의 많은 사람들이 도와주신 덕입니다. 성원에 꼭 보답하겠습니다."라고 표현할 수도 있었을 것이다. 하나 어딘지 억지로 꾸민 말 같게 공허하게만 들린다. 별 감동이 없다는 말이다. 그가 무슨 휘황찬란한 미사여구를 구사하지 않았음에도 그의 말은 빛나고 있다. 양보와 배려, 겸손, 감사, 열정이 엄청나게 배어 있지 않은가! 수줍은 듯 우물쭈물 해댄 말이었지만 어느 웅변가의 긴 사자후보다 울림이 컸다.

'장미희의 인사' 도 오래도록 잊히지 않을 것이다. "아름다운 밤입니다!" 누구나 할 수 있는 말임에도 누구나 할 수 없는 이 말을 장미희는 한 것이다. 그래서 그녀와 그녀의 말이 오래도록 회자되고 있는 것이다.

복서에서 일약 명강사로 변신한 홍수환도 이미 "엄마, 나 챔피언 먹었어!" 라는 짧은 승전보에서 그의 잠재능력까지를 충분히 보여줬다.

말은 곧 돈

말이라는 것이 그렇다. 아무리 억지분장을 하고 분량을 늘려도 더욱 초라해지는 경우가 있는가 하면, 그저 작은 점 하나 찍은 것에 불과한데도 보석처럼 빛나기도 한다.

위 설명 강조를 위해 이런 비유를 하자. '말' 을 '돈' 으로 바꾼다.

"한 마디 말로 천 냥 빚을 갚는다." 라 했으니, 어차피 말은 하게 되어 있고, 그 말을 돈이 되는 말로 하면 부자가 될 수 있다는 것 아닌가.

그 첫 번째 단계는 당신이 말을 쉽게, 제대로, 핵심에 맞게 하는 것이다. 그러면 사람들은 당신을 믿고 기회를 주며 기꺼이 당신과 협력하려 할 것이다.

간결한 말의 위력은 본문에서 많이 언급할 것이다. 일단 '실용적인' 기능에 주목하자. 아무리 좋은 것도 써먹지 않으면 소용이 없다.

간결한 말로(당신이나 우리 모두는 사실 길게 말할 기회가 아예 주어지지 않기도 한다) 돈을 더 벌 수 있는 이유는, 일을 더 순조롭고 빠르게 진행시킬 수 있기 때문이다.

익히 아는 쉬운 말임에도 신선하고, 매번 들을 수 있는 말인데 감격을 주는 말이 있다는 것이다.

기회를 잘 포착한 키스는 사랑을 얻게 해주고 달콤하기 이를 데 없다. 스피치에도 'KISS(키스)' 라는 구조를 갖춰야 한다.

chapter 01

성공하는 대화법

kiss하듯 말하라!

제1부
왜 KISS(키스)인가

수많은 말이 쏟아지는 말의 홍수 속에 살면서도 감동을 주거나 받은 괜찮은 말은 그다지 없는 것 같다. 성인 남자는 2만여 마디, 여자는 3만여 마디의 말을 24시간 안에 하고 있으면서도 어떤 사실을 제대로 표현하지 못한 것 같아 늘 아쉽기만 하다. 아니, 하고 나서 후회하는 말은 어찌 그리 많은지!

말이란 녹록치 않은 소통수단이다. 왜 매번 '성공한 스피치였다'는 생각보다는 '실패했다', '소득이 없다'라는 생각만 들까? 우리가 중요한 것을 놓치며 대화를 하는 것은 아닐까? 말할 기회가 주어졌는데도 활발한 광고시간으로 활용키는커녕 겁만 먹고 쭈뼛거리다 아무 말도 하지 못하는 경우가 많다. 한다고 했는데도 상대 반응이 시원찮을 때도 부지기수이다. 무엇이 문제일까?

사람들은 '무엇을 말할까'에 집착한 나머지 '어떻게 말할까'를 잊는 우를 범한다. 긴 수사(修辭)가 있어야 뜻이 충분히 전달되는 줄 안다.

바로 이것이 문제이다. 길게 말해야 한다는 부담감이 단상이나 회의석상의 자신을 얼어붙게 하는 주범이다.

"스피치와 스커트는 짧을수록 산뜻하다."는 경구는 아무리 되새겨 보아도 진리의 명언이다.

Keep It Short and Simple!

#1 대화는 '?'와 '!'만으로도 충분하다

사람들의 일상을 소통(커뮤니케이션)측면에서 본다면, 이쪽을 평가하는 질문을 받은 뒤 거기에 대한 답을 하여 나를 알리는 대화의 시간이라고도 할 수 있을 것이다. 인간생활 중 가장 많은 시간비중을 차지하는 것이 곧 언어생활(言語生活)인 것이다.

비단 면접장이나 소개팅장이 아니더라도 끊임없이 나의 능력을 말로 표현하며 살아야 한다. 그런데 구직자나 사랑을 원하고 있는 절실한 쪽이 아무 표현을 하지 못하여 자신을 제대로 홍보하지 못하거나, 자칫 말실수로 인상을 나쁘게 보였다면 이만저만 큰 손해가 아니다. 평생의 상처로 남거나 인생 전체를 망가트리는 엄청난 해가 되고 말 것이다.

스피드와 이미지가 중시되는 현대사회에서 나를 알리는 방법?

그렇다. 주어지거나 자신이 겨우 만들어낼 수 있는 짧은 시간에 말을 하는 것 말고는 딱히 다른 방법이 없다.

2백 년도 넘은 이야기이다. 프랑스의 대문호 빅토르 위고는 작품 『레미제라블』을 출판사에 보내놓고 궁금키도 하고 걱정이 들기도 했다. 불후의 명작이 된 그 소설이 처음부터 대박이 난 것은 아니었기에. 그는 출판사에 편지를 보냈는데, 내용은 '?'가 전부였다. '작품이 어떤 반응을 일으키고 있습니까? 판매는 순조롭습니까? 장단점은 무엇이라고 생각하십니까?' 등을 물은 편지였다.

그런데 빅토르 위고를 알아본 출판인 또한 대단한 사람이었던 모양이다. 답장을 보내왔는데, 그 역시 너무나 짧은 '!' 하나가 전부였다. 빅토르 위고는 날듯이 기뻤다. '나도 감탄하고 있고, 독자들도 반응이 무척 좋습니다.' 라는 내용이 아닌가!

이 편지는 인류가 지구 위에서 주고받은 편지 중 가장 짧은 것으로 기록되고 있다. 더 짧은 편지가 있다면 농담을 해야 할 것이다. 빈 종이로 보냈더니 역시 백지 답장이 왔지만 우리는 뜻이 다 통했다는.

휴대폰의 이모티콘 또한 감정축약어라 할 수 있을 것이다. 감정표현이 복잡하여 상대가 시기를 놓치거나 오히려 헷갈려 한다면 무슨 소용이 있겠는가!

말이란 굳이 길 필요가 없다. 아니 짧아야 좋은 것이 말이다. 통신비를 아끼기 위해서라도 그렇다.

당신도 우상으로 삼고 있을 스티븐 스필버그는 영화에서만 아니라 말의 천재이기도 하다.

스필버그가 야외 졸업식의 전통을 가진 뉴욕대의 초청을 받았다. 졸업식 축사를 하려는데 엄청난 폭풍우가 몰아쳤다. 그가 연설을 하기 위하여 미리 적은 연설문을 꺼냈는데 바람 때문에 아예 펼칠 수도 없었다. 졸업생과 학부모들은 이 위대한 예술가의 입만 주시했다. 그는 연설문을 그대로 접어 주머니 안에 넣었다. 그리고 말했다. "Take the Storm!"

졸업식장에 운집한 사람들은 그의 아주 짧은 이 연설에 무려 5분간이나 박수를 보냈다. 다음날 뉴욕 타임지는 가장 뛰어난 연설이라는 극찬을 보냈다.

당신은 혹시 비바람이 스필버그를 더욱 영웅으로 만들어주었다고 생각하는가? 그러나 스티븐 스필버그가 미리 준비해온 연설문대로 축사를 다 했더라도 열광은 똑같았을 것이다.

"By the Storm!"은 "폭풍을 이기고 살아라!" 쯤의 뜻이 되었을까?

우리는 이 정도의 간단명료하면서도 위력적인 말을 하지 못한다. 걸핏하면 말이 길어지는 원인이 어디에 있을까? 무엇이 우리의 말을 길게 늘어뜨리고 있는가.

동식물은 사는 것이 참 간단해 보인다. 배가 고프면 먹고, 졸리면 잠을 잔다. 봄에 싹을 틔우고, 가을이 되면 시든다. 그 과정들의 반복뿐이다.

그러나 인류가 탄생하면서 자연계는 아주 복잡하게 변했다. 사람들이 끊임없이 '왜?' 라는 질문을 던졌기 때문이다.

사람들은 '저건 왜 저럴까?', '나는 왜 살아갈까?' 등등 사사건건 의문을 갖는다. 이렇듯 '왜?' 라는 물음이 반복되면서 일은 걸핏

하면 복잡해진다. 바로 그 습관 때문에 사람의 눈에는 인류를 포함한 이 세상 전체가 너무 복잡하게 돌아가는 것처럼 보이는 것이다. 그러나 세상은 우리가 생각하는 것만큼 그렇게 복잡하지 않다. 간단한 상식들이 잠시 서로 겹치거나 엉켜 있을 뿐이다.

사람들이 일과 말을 복잡하게 만드는 이유는 무엇일까. 그것은 간단함이 싫어서가 아니라 복잡함에 '안전함'을 느끼기 때문이다. 또한 사람들이 간단하게 말하지 않는 이유는 그럴 능력이 없어서가 아니다. 그보다는 간단한 것을 우습게 보는 심리가 있기 때문이다.

세상 이치가 간결해지고 우리의 말이 간단해도 충분히 의사소통이 된다면 유쾌하고 상쾌해질 것은 자명하다.

미국 퍼듀대학의 공학도들이 벌인 재미난 일을 들어보자. 그들은 손전등의 배터리를 교환하는 간단한 과정을 무려 125단계로 나누어 설명했다. 이 '연구'는 꽤 그럴듯해서 '골드버그상'을 수상할 정도였다고 한다. 이 상은 루브 골드버그라는 만화가의 이름을 딴 것이다. 골드버그 작품은 간단한 작업을 굳이 복잡한 기계를 이용해 어렵게 완성하는 모습을 풍자적으로 묘사한다.

바지를 사러 나갔다가 원래 계획대로 와지던가. 일이 그렇게 쉽게 끝나줄 리가 없다. 쇼핑을 하다 보니 바지에 어울리는 재킷과 액세서리, 가방까지 사게 되는 수가 있다. 원래 목적은 바지 하나였는데, 일이 크게 벌어지고 만다. 말도 그렇다. '점심 먹자'는 주 내용 말고도, 세계 식당역사와 프랑스요리까지 두 시간을 말하게 되는 경우가 있다.

우리 모두가 간단함을 복잡하게 변화시키는 고수들인 듯하다. 힘들다고 아우성이면서도 여전히 거기에서 벗어나지 못한다.

제너럴일렉트릭의 CEO '잭 웰치' 의 말이다.

"사람들은 간결해지기를 두려워한다. 머리가 나쁘다거나 단순하다고 손가락질당할까 두려운 것이다. 그러나 사실은 이와 정반대이다. 생각이 확실하고 강인한 의지를 가진 사람이야말로 가장 간결한 사람이다."

'간결함' 의 장점은 그토록 뚜렷하다. 그런데 어째서 많은 사람들이 여전히 복잡함 속에 갇힌 채 헤어나지 못하고 있는 것일까?

당신도 맞춰보시라.

나는 강의 중에 가끔 이런 문제를 낸다. "쉬운 퀴즈 하나를 내겠습니다. 1 더하기 1이 얼말까요?" 2가 정답일 뿐이다. 그런데 아무도 2라고 말하지 않는다. 사람들은 괜히 뒤집어 이해하는 경우가 많다. 이때는 답이 무엇인지 모르는 것이 아니라 문제가 어디에 있는지 모른다. 모두들 '설마 답이 그렇게 단순하겠어?' 라고 생각한다. 물론 누가 쉽게 2라고 하면 "일 더하기 일이니까 과로!"라고 난센스로 나간다.

정보화시대

요즘을 일컬어 '정보화시대'라고들 한다. 어쩌면 그보다는 '정보의 홍수시대'라고 하는 편이 더 적절할 것이다. 수많은 정보들이 한꺼번에 쏟아져 들어오고 있지만 사람의 두뇌가 처리할 수 있는 정보의 양은 한정되어 있다. 그러니 뇌에 과부하가 걸릴 수밖에 없다.

거대한 정보의 바다 속에서는 현상에 깃들어 있는 간단한 본질을 꿰뚫어보기가 어렵다.

우리는 실제로 필요한 것보다 훨씬 더 많은 선택의 순간에 직면한다. 기술발전과 정보가 넘쳐나니 더욱 그렇다. 진보한 덕분에 일과 생활은 편리해졌지만 선택할 것들은 오히려 더 늘어났다. 이를테면 셔츠를 하나 산다고 치자. 단순히 상점에 가서 물건을 살 수도 있지만, 인터넷으로 주문하기도 하며, 전화를 해서 직접 배달을 시키기도 한다.

이런 세상이다 보니 말도 복잡하게 하려는 습성이 생겼다. 체면이나 허영심이 더해지기 때문이다. 대뇌가 사람들이 영리하다고 칭찬해주는 데 맛을 들이게 되는 것이다. 그래서 대뇌는 때때로 혀에게 간단한 일을 복잡하게 말하도록 시킨다. 자신의 지식 용량이 크고 학식이 풍부하다는 점을 보여주려는 의도이다. 예를 들어보자.

서양친구와 식사를 한다 치자. 젓가락질을 잘못하는 그에게 젓가락 놀리는 법을 가르칠 때, 지렛대의 원리가 어떻고 파블로프의 조건반사가 어떻고 하는 과학이론까지 나온다. 물론 외국어를 잘 한다면. 어쨌건 그 결과 두 개의 짧은 막대기는 순식간에 인류 지혜의 결정체가 되고 만다. 외국인은 감탄할 것이며 젓가락을 경외의 시선으로 바라볼 것이다. 그러나 문제는 그가 여전히 젓가락을 사용해 밥을 먹는 방법을 알지 못한다는 것이다.

지금까지 살펴본 바와 같이 복잡함은 모든 문제를 낳는 모체와도 같다. 우리가 일을 복잡하게 만들고 선택 방법이 복잡해질수록 문제가 쉽게 발생한다. 복잡한 것일수록 이해하거나 제어하기가 어렵기 때문이다.

누구나 문제가 간단할수록 해결하기 편하다는 사실을 알고 있다. 이런 이상을 실현하기란 전혀 어려운 일이 아니다. 문제를 생각하는 방법을 간결하게 한다면 충분히 가능하다. 이 세상은 원래 단순하기 때문이다. 세상을 복잡하게 만든 것은 인간 자신이다.

문제를 간단하게 만들고 싶은가? 방법은 하나다. 우리 자신부터 간결해지는 것이다. 최상의 관건은 늘 '상식'으로 문제를 대하고 이해하는 것이다. 왜냐하면 상식이야말로 간결함의 아버지이기 때문이다.

Tip

말이 어렵게 꼬이는 이유는 뭘까?

- 뭘 이야기하려는지 목표가 확실치 않다. 따라서 언제 그만두어야 할지 모른다.
- 핵심과 상관없는 요소를 많이 고려해 넣는다.
- 나와 상대를 지나치게 배려하려다 보면 말이 한없이 길어지고 만다.
- 상황을 잘 판단하지 못한 채 입을 연 경우이다.

#2 많은 뜻을 품고 있는 말 '그냥'

당신은 불쑥 찾아왔거나 전화를 해온 친구에게 묻는다. "웬일이야?" 무슨 사연이 있을 것 같은데, 친구의 대답은 아주 간단하다. "그냥."

그런데 사실 그 '그냥'은 '그냥'이 아니다. 엄격히 말해 이 세상은 '그냥'이라는 것이 없다.

그런데도 우리는 '그냥'이라는 말을 많이 듣고 한다. 원래 이 말은 원인은 있지만 그 원인을 쉽게 말하기 곤란할 경우에 쓰는 말이다. 마치 즉흥연기같이 말하지만, 사실은 나름대로 계산을 갖춘 말이다.

우리가 '그냥'이라고 들었다 해서 거기에 아무 목적도 없다고 생각해서는 안 된다. '무엇을 위해서'라는 정확한 까닭을 말하지 않지만 잘 살펴보면 의외로 중요한 메시지를 전달하고 있다. 이 말은 적어도 겉으로는 허물없고 단순하고 그러면서 오히려 따스하게 정이 흐른다. 그러나 포장 안쪽에는 다른 뜻이 있는 경우가 많다.

"그냥 불러봤어." (네 이름을 자주 입에 올려보고 싶은 것이야.)

"그냥 전화했어." (날 반기나 안 반기나 알아보려는 거였지.)

"그냥 하고 싶어." (내가 이런 것도 한다는 걸 과시하려는 목적이지.)

"그냥 결혼했어." (그동안 무척 외로웠던 거야.)

기능만이 만능이 되어야 하는 사회, 목적이 없으면 아무 것도 의미 없는 것이 되어버리는 사람들의 관계, 원인과 이유가 분명해야만 하는 세상구조에서는 아무리 짧은 말이라도 많은 뜻을 담고 있다.

때로는 '무엇을 말하느냐' 보다 '어떻게 말하느냐' 가 더 중요하다는 사실을 알아야 한다. 같은 내용이라도 방식이 달라지면 혼동이 오고 만다.

당신은 분명히 말을 맞게 했는데, 상대가 잘못 알아들었다고 생각한 경우가 종종 있었을 것이다. 이것은 말을 잘못하는 것보다 더 답답한 노릇이다. 이때는 상대를 탓할 것이 아니라 내가 '어떻게 잘못 말하고 있는지' 생각해 볼 일이다. 가령 '하나' 라고 말했는데 상대가 곧 죽어도 '둘' 로 알아듣는다고 생각해보라. 힘이 빠지는 것은 말할 것도 없고, 당신이 의도한 효과를 전혀 달성하지 못하기 때문에 큰 짜증이 날 것이다. 누구나 말을 할 때는 무엇보다 듣는 이에게 정확히 전달되기를 원한다. 매끄러운 소통과 유쾌한 대화를 원하지 않을 사람이 누가 있겠는가.

이 이야기가 시사하는 바를 알아보자.

어떤 정년퇴직자가 늘 일 없이 지내려니 답답해 미칠 지경이 되었다. 집 안에서 부인과 온종일 붙어 있으니 말다툼도 잦았다. 왕년에 가정학과를 나온 부인은 고민 끝에 그에게 일거리를 주어야겠다고 생각했다. 집안일과 워낙 담쌓고 살아온 사람인지라 부엌일에는 완전히 캄캄했다. 그래서 부인은 남편에게 채소를 손질하는 법을 가르치기로 했다.

"배추는 반드시 깨끗하게 씻어야 해요. 대체로 여섯 단계로 나눠 씻으면 돼요."

"여섯 단계?"

"좀 들어봐요. 먼저 배추를 잘 다듬어야 해요. 다듬을 때는 큰 포기를 갈라서 작게 나누면 돼요. 배추가 클 땐 칼을 쓰지 않고 손으로 뜯어야 해요. 그러지 않으면 모양이 제대로 안 나니까요. 유채는 속대만 남기고 모두 뜯어내야 해요. 파는 잎을 함부로 떼어내지 말고 살살 다뤄야 하고."

"잠깐! 노트에 적어야겠군."

"뭐가 어렵다고 그래요? 그냥 듣기나 해요. 배추를 다듬은 다음에는 씻어야 해요. 먼저 쌀뜨물로 한 번 씻어내는 것이 좋아요. 쌀뜨물은 말이죠, 빨래할 때 쓰는 세제보다는 조금 약한 알칼리성이에요. 아무튼 그렇게 하면 세균을 죽일 수가 있어요. 그다음에 맑은 물로 한 번 씻어내고 다시 여러 번 헹궈내야 해요. 그러지 않으면 불순물이 그대로 남아서 먹을 때 씹힐 수도 있으니까요. 그리고 소금물에 십 분 정도 담가놓도록 해요. 요즘 파나 배추는 옛날 같지 않아서 농약이 많이 남아 있으니까."

"아무래도 필기를 해야겠는걸."

"누가 보면 웃겠어요. 배추 하나 씻는데 무슨 필기예요?"

세심한 부인은 '배추 씻기 6단계'를 아주 자세히 설명해주었다.

"이제 알겠어요? 잠깐 나갔다 올 테니 이 채소 다 씻어놔요. 평생 내가 해다 바쳤으니 이제는 당신이 서비스할 차례에요."

부인이 외출했다 돌아와 보니 그 퇴직자는 누워서 라디오를 듣고 있었다.

"배추는 어떻게 됐어요?"

그는 대답은 하지 않고 귀를 쫑긋 세워 무슨 소리를 듣는 것 같더니 이렇게 말했다.

"아직 안 됐나봐. 지금 씻는 중이야."

"다른 사람한테 시켰어요?"

"세탁기! 이제 보니 세탁기라는 것이 상당히 편리한 물건이더군. 배추를 집어넣고 쌀뜨물, 맑은 물, 소금을 넣은 다음 버튼 하나 누르니 끝이야."

놀란 부인이 황급히 세탁기로 뛰어가 정지 버튼을 눌렀다. 세탁기 안에는 배추가 온통 짓이겨져 거의 죽이 되어 있었다. 화가 머리끝까지 난 부인이 말했다.

"아니, 귀찮다고 채소를 세탁기에 넣어 씻는 사람이 어디 있어요!"

"당신이 말한 대로 했을 뿐이야. 시간도 충분히 했어. 벌써 한 삼십 분째 씻고 있지 아마!"

표현이 과장됐지만 이런 상황은 충분히 생긴다.

만약 부인이 남편에게 "이 배추 좀 씻어놔요!" 했을 때, 남편이

"어떻게?" 하고 물었고, 부인은 "그냥!"이라는 말만 하고 나갔다면 오히려 제대로 씻어놓지 않았을까?

당신도 여러 단계가 얽혀서 말이 복잡해질 때 생각도 엉켜버렸을 것이다. 이해하는 속도가 말하는 속도를 따라잡지 못하기 때문이다. 결국 한쪽은 열심히 말하는데 다른 쪽은 딴생각을 하는, 즉 완전히 따로 노는 현상이 벌어진다.

말의 논리가 복잡할 때 역시 듣는 사람은 도통 이해하지 못한다. '잘은 모르겠지만 아마 영양가 없는 말을 늘어놓고 있겠지' 싶어 제대로 귀담아듣지 않는다. 또한 용어가 난해하면 듣는 사람은 서로가 동일한 수준에 놓여 있지 않다고 여기게 된다. 때문에 심리적 거리감을 느낀다. 이때 말을 마칠 때까지 참을성 있게 기다리기가 어렵다.

적절한 말이란 상대가 알아들을 수 있는 말이다. 다시 말해 상대가 오해를 하지 않고 그대로 받아들여 정확하게 흡수할 수 있어야 적절한 말이라고 할 수 있다.

우리는 보통 '적절한 말' 보다는 '안전한 말' 을 선호한다. 즉, 어떻게 말해도 문제가 안 될 만한 완벽한 방식을 찾으려 한다. 그러나 사실상 이런 방식은 존재하지 않는다.

세상에는 절대적인 정답도 없고 절대적인 오답도 없다. 말 역시 마찬가지다. 듣기에 그럴듯한 말과 극히 정확해 보이는 말도 조건을 바꿔보면 틀릴 때가 많다. 따라서 항상 말하는 목적에 도달할 수 있느냐의 여부를 놓고 판단해야 한다. 그 목적에서 벗어나지 않는 가장 좋은 길은 바로 '간결하게' 말하는 것이다.

당신은 요점에 맞도록 간결하게 말해서 듣는 사람이 오해하지 않게끔 주의하기만 하면 된다. 다시 강조하건대 세상에 완전무결한 '말의 방식' 같은 것은 없으니까.

한편 '말'은 문제를 해결하는 훌륭한 도구이다. 말이 가진 가능성은 실로 무궁무진하다. 그 가능성을 최대한 끌어내는 것은 철저히 말하는 사람 자신에게 달렸다.

말의 잘못된 속성 중 하나는 '플레이보이'처럼 하는 것이다. 바람둥이가 다른 여자에게는 숱한 환상을 품으면서도 막상 부인에게는 낭만이니 그런 것보다는 현실적인 면에 치중해버리지 않는가. 그들은 마누라에게서는 밥, 빨래, 청소 등 지극히 현실적인 것만을 기대할 뿐이다. 마치 우리가 말을 '의사교환'이라는 단순한 역할만을 기대하는 것처럼 말이다.

이렇게 훌륭한 도구인 언어가 겨우 이 역할에 머무르게 내버려두기는 너무 아깝다. 물론 말을 하지 않으면 말로 인한 사고는 막을 수 있다. 그러나 말이란 정확하게 사용해서 많은 문제를 해결할 수 있어야 제대로 쓰는 것이 아닌가.

끝이 좋으면 다 좋다.

다 된 밥에 코 빠트려서 망치는 경우도 있지만, 딱 설익기 십상인 밥을 마지막 뜸으로 기가 막힌 밥으로 만드는 방법도 있다.

마지막 정리를 잘 하는 것이다.

스티브 잡스

잡스는 역시 천재이다.

제품개발과 경영에만 뛰어난 게 아니고, 프레젠테이션 실력을 보면 누구라도 그 말에 공감할 것이다.

언젠가 스티브 잡스가 스탠포드대 졸업식에서 연설한 것은 그가 자주 했던 말이어서 잘 알려진 것이었지만 유난히 빛이 났다.

"나는 미혼모의 아들로 태어나 가난한 부부에게 입양됐다가, 가난한 부모에게 미안해서 대학도 6개월 만에 그만뒀습니다. 나중에 청강하다가 서체학에 관심을 가져, 그것이 결국 지금의 예쁜 맥컴퓨터를 만들어 세상에 내놓은 계기가 됐습니다. 나는 내가 만든 애플에서 이러이러하다가 쫓겨났고, 절치부심해서 다시 애플로 금의환향한 역전의 드라마도 연출했습니다."

물론 이것만으로도 훌륭하기 이를 데 없지만 모두가 알고 있었던 내용이다. 그런데 그의 마지막 말은 이것이었다.

"Be Hungry, Be foolish!"

우리말의 이런 느낌에 해당하는 말이었을 것이다. "항상 배고파하라, 항상 바보처럼 살아라!"

"나는 히딩크처럼 우승에 목말라 한다. 나는 절대 만족하지 못한다, 그리고 지금 이렇게 바보처럼 있어도 언젠가는 내가 원하는 것을 이루고 말 테다!"하는 다짐 같은 것이다.

그의 연설은 아주 신선한 것이었고, 이른바 임팩트가 그 어느 때보다 강했다. 유종의 미. 끝이 좋으면 다 좋은 것이다.

상황을 장악하는 한마디

"먹물들은 당나귀와 함께 두라!"

이게 대체 무슨 소리일까 궁금할 것이다. 어떻게 지식인을 한낱 미물인 당나귀와 같이 취급할 수 있단 말인가. 이렇게 말도 안 되는 주장을 한 사람은 대체 누구일까?

바로 세계 최고 혁명가이자 영웅의 칭호를 받는 보나파르트 나폴레옹 장군이다.

나폴레옹이 모스크바를 공격했을 당시, 한겨울에 철수를 하게 됐다. 그런데 그가 별다른 설명 없이 그저 "지식인과 당나귀는 가운데 두라!"고만 명령을 내렸다. 거기에 대해 그 어느 누구도 단 한마디 토를 달 수 없었다.

사실 그가 그런 명령을 내렸던 것은 다름이 아니라 지식인들을 보호하기 위해서였다. 혹독한 겨울에 행군하려면 무엇보다 보급품이 가장 중요하다. 그래서 병사들은 본능적으로 보급품 부대를 지키려 한다. 나폴레옹이 보급품을 운반하는 당나귀들과 지식인을 함께 두라고 한 이유가 바로 그것이다.

그러나 그는 이런 사정을 구구절절 설명하지 않았다. 천하의 명

연설가 나폴레옹이 말을 잘하지 못해서가 아니다. 설명할 시간을 최대한 아낀 것이다. 전쟁터에서의 1초는 한 사람의 목숨과 맞먹는다.

동네 골목길에서 깡패와 마주쳤을 때 태권도 동작을 하나하나 순서대로 했다가는 9단이라 할지라도 먼저 맞아 쓰러지고 말 것이다. 마찬가지로 이론적으로 완벽한 전략이 막상 실제 전쟁터에서는 잘 쓰이지 못하는 경우가 많다.

실전에 강해 전투 때마다 혁혁한 공을 세운 승리자 중에서 후세에 길이 남을 병법서를 쓴 사람은 의외로 거의 없다. 오히려 책상머리에 앉아 전쟁을 '연구'하는 전쟁이론가들이 이 방면의 책을 많이 쓸 뿐이다.

나폴레옹과 같은 시대를 살았던 카를 폰 클레우제비츠는 전쟁이론 방면의 귀재라고 일컬어진다. 그의 저서 『전쟁론』은 당시 세계적인 관심을 끌었다. 하지만 그런 그도 결국 실전의 귀재 나폴레옹의 포로로 전락하고 말았다. 반면 나폴레옹은 유럽 전역을 정복하는 빛나는 전적을 세우고도 변변한 군사이론서 하나 남기지 않았다.

이치를 설명한다는 건 상당히 번거롭고 복잡한 일이다. 전쟁터에서 승리하고 살아남기 위한 전략들을 어떻게 구구절절한 말로 설명할 수 있겠는가. 그러니 장교가 병사들에게 일방적으로 지시를 내리고 병사들은 이를 그대로 수행하게 되는 것이다.

실행이 쉬우면서도 가공할 파괴력을 지닌 군사적 전략들은 대부분 간단한 명령으로 되어 있다. 그 이면의 이치까지 일일이 설명하지는 않는다.

물론 아랫사람이 아무 의심 없이 명령자의 오더를 수행하도록 하려면 먼저 간단하고 확실하며 실행 가능한 지시를 내려야 할 것이다. 무엇을 언제 어떻게 실행할지, 어느 정도를 언제까지 지속할지, 한마디 명령 안에 이런 정보가 모두 포함되어 있어야 한다.

우리가 일상적으로 하는 말은 대부분 격식을 따지지 않는다. 그저 생각나는 대로 편하게 하는 편이다. 그러나 거기에도 분명 '촌철살인'과 '구구절절'의 차이는 존재한다.

우리에게 개그(GAG)나 만담(漫談)이 있다면 중국에는 '상성(相聲)'이 있다.

상성은 중국 지방의 다양한 방언들을 소재로 즐겨 사용한다. 중국은 지역마다 방언이 심하고 스타일도 각각 다르다.

상성의 대가 허우바오린은 자기 작품집에서 간결한 말과 장황한 말의 차이를 재미있게 비교해놓았다. 간결한 말의 묘미는 이런 것이다 싶다.

남 "상성에서 사용하는 언어는 짧고 야무지면서도 논리가 강해."

여 "그래?"

남 "베이징 토박이말은 장황해서 명사니 부사니 대명사니 감탄사니, 동원되는 말들이 셀 수 없어요."

여 "예를 한번 들어줘요."

남 "가령 형제가 한울타리에서 산다고 해보지. 형은 동쪽 방에 살고 동생은 서쪽 방에 살았어. 형이 밤중에 잠을 자는데 갑자기 건너편 방문이 열리는 소리가 났어. 그래서 무슨 일이냐고 묻는 장면인데 한번 들어봐요. 별로 길게 할 말이 아닌데 북경토박이말로 하면 좀 길어지지."

여 "어떻게 길어지는데요?"

남 "방문이 열리는 소리에 형이 '어허!' 했지."

여 " '어허!' 라뇨?"

남 "허참, 감탄사를 먼저 날려야 할 것 아닌가?"

여 "그렇겠군요."

남 "어허! 이게 웬 소리인고? 밤도 깊었는데 누구야? 말도 없이 갑자기 덜컹거리니 놀라 죽는 줄 알았구먼."

여 "허! 말이 정말 장황하군요."

남 "동생은 더 가관이니 들어봐. '아 형님, 접니다. 형님은 아직도 안 주무시고 뭐 하는 거요? 저는 소변을 보려고 나온 겁니다. 별일 아니니 안심하고 주무세요. 뭐가 그렇게 겁난다고 그러시오? 형님도 참!' "

여 "동생이 한술 더 뜨네요."

남 "거기서 끝이 아니지. 형님은 또 동생 걱정을 하기 시작하네. '밤이 야심하니 옷을 두툼하게 입도록 해라. 자칫하다간 감기 걸려서 내일 아침에 열이 오르고 고생하니까.' "

여 "호호!"

남 "동생 왈, '괜찮아요, 형님. 옷을 걸치고 나왔는걸요. 소변 다 보고 바로 들어갈 겁니다. 형님은 잠이나 주무세요. 하실 말씀이 있거든 내일 아침에 만나서 합시다. 형님도 참.'"

여 "대답 한번 장황하군요."

남 "이것도 베이징 토박이말 치고는 짧게 한 거야. 훨씬 간단한 방법이 있는데 말이지."

여 "말해 봐요."

남 "문 여는 소리가 나면 형이 '거기 누구요?' 하는 거야."

여 "흠, 간단하네요."

남 "그 후 주고받는 말도 간단해. '접니다.', '무슨 일로 밖에 나왔느냐?', '소변을 좀 보려고요.' 이게 전부야."

여 "훨씬 짧네요."

남 "산둥 말은 더 간단하다네."

여 "어떻게 하는데요?"

남 "누구요?"

여 "좀 더 짧군요."

남 "접니다. 어디 가니? 소변 보러요."

여 "간단하네요."

남 "상해 말은 더 짧지."

여 "말해 봐요."

남 "문이 열리는 소리가 나면, '누구?', '나요.', '뭔 일?', '소변'이 다야."

여 "정말 간단해졌군."

남 "허난 말은 정말 짧지."

여 "그보다 짧은 말도 있어요?"

남 "이래. '누?', '나', '왜', '줌(소변)!' 이라고."

어떤 사람들은 자다 일어나 소변 한번 볼 때도 이렇게 장황한 대화를 주고받는다. 만약 급한 상황이라면 이만저만 번거로운 일이 아니다. 경계를 서는 군인이 늘어지는 암구호를 외치면 무슨 일이 날 것이 뻔하다.

Tip

우리나라 경상도 방언의 압축능력은 알집(Alzip)의 압축률도 따라올 수 없다. 괄호 안은 압축비이다.

- 그 아이가 가 씨 성을 가진 아이이냐? = 가가가가가? (14:5)
- 고등학교 수학 선생님 = 고다꾜 쌕쌤 (9:5)
- 저것은 무엇입니까? = 뭐꼬? (3:1)
- 할아버지 오셨습니까? = 할뱅교? (3:1)
- 니가 그렇게 말을 하니까 내가 그러는 거지, 니가 안 그러는데 내가 왜 그러겠니? = 니 그카이 내 그카지, 니 안 그카믄 내 그카나? (31:17)
- 나 배고파!/ 밥 차려놨어! 밥 먹어! = 밥도! (2:1)/ 자! 무라! (8:3)
- 어, 이 일을 어떻게 하면 좋아? = 우야노! (11:3)
- 어쭈, 이것 봐라! = 이기요! (2:1)
- 너 정말 나한테 이럴 수 있니?! = 팍! (11:1)
- 왜 그러시는 가요? = 멍교? (7:2)
- 야, 그러지 좀 마! 귀찮아. = 쫌! (6:1)
- 이 물건 당신 건가요? = 니끼가? (8:3)
- 네, 그건 제 물건입니다. = 인도! (9:2)

머리보다 재빠른 혀

혀가 머리를 지배하면 말실수가 잦다. 살찐 사람 앞에서 뚱보얘기를 하는 등 말을 함부로 하다 보니 늘 다른 사람의 미움을 사거나 원망을 듣게 된다. 이때 경솔한 혀는 모두를 불쾌하게 해놓고는 아무 일도 없다는 듯 입속으로 숨어버린다.

한편 다른 사람과 말싸움을 벌이는 혀는 화를 불러오기 일쑤다. 다른 사람의 말을 잘라버리거나 자기만 똑똑한 척 제 말만 하거나 천하 모든 일을 자신이 좌지우지하겠다는 기세를 보인다. 마치 자기가 없으면 이 세상이 너무 적막할까 걱정하는 듯하다.

이런 혀는 곳곳에 적을 만들어놓고 가는 곳마다 다른 사람을 헐뜯고 자기 자랑만 한다. 그 결과는 어떨까? 모두가 이런 혀를 멀리하므로 나중에는 싸울 상대가 없어져 아예 조용히 엎드려 있는 신세가 된다.

일반적으로 머리에 '브레이크'가 풀리는 경우는 극히 드물다. 반대로 풍부한 정보를 확보하지 못해 두뇌 회전이 늦어지는 경우는 아주 흔하다. 어떤 이유로든 머리가 움직여주지 않는다면 당연히 혀가 앞질러 가기 마련이다.

즐겁게 하려는 좋은 의도로 한 말이 오히려 일을 망치는 경우도 있다. 조금만 더 신경 써서 관찰하고 생각했다면 상대방이 그런 말을 기피할 것이라는 사실 정도는 짐작할 수 있었을 것이다. 절대 피해야 할 금기사항이 얼굴에 그대로 드러나 있는데도 보지 못한다면 어떻게 말을 잘 할 수 있겠는가.

결혼식에서는 오로지 화기애애한 분위기만 강물처럼 흘러야 한다. 예식 전에 싸우든가 살면서 싸워야지, 예식 도중이면 파국을 맞는다.

어느 시골마을서 결혼식이 열렸다. 이 마을 주민들은 예의범절을 매우 까다롭게 따지는 편이었다. 피로연이 한창 무르익어가는 와중에 사회자가 흥을 돋우느라 도시에서는 흔해 빠진 개그를 했다.

"하객 여러분, 차린 음식이 변변치 않더라도 많이들 드십시오. 결혼식 피로연을 아무래도 처음 치르다보니 제대로 준비하지 못한 것이 많습니다. 다음에는 더 잘 모시도록 하겠습니다."

사회자의 말이 채 끝나기도 전에 신부의 오빠가 식탁을 탁 치고 일어나 사회자의 멱살을 잡았다.

"뭐라고! 다음에? 지금 결혼을 한 번 더 하라는 거야 뭐야?"

사회자도 명MC였던 모양이다. 그제야 자신이 분위기를 띄우려다 꽉 막힌 사람에게 실수를 했다는 것을 알고 둘러댔다.

"제 말은 다음에 이 부부가 낳은 첫 애가 백일잔치를 할 때 더 성대하게 대접하겠다는 뜻이었습니다."

그래도 신부오빠는 화가 풀리지 않았고, 명MC는 결국 자리를 뜨고 말았다.

이 경우 사회자가 설화를 일으켰다고 할 수는 없지만, 말이 많은 사람은 꼭 말실수를 한다. 오로지 듣는 이의 환심을 사는 것만 생각해 좋은 말만 쓰려고 하다 보면 머리는 가장 간단한 논리와 상식조차도 깜박할 수 있다.

#3 적게 말해야 많이 얻는다

당신은 밤새 워드작업을 한 것을 새벽녘에 다 날리고 말았다. 새로 쳐야 한다. 그만한 고통이 없다. 나는 지금도 간혹 그런 실수를 하고 통탄해한다. 그런데 놀라운 사실 하나를 알았다. 막상 다시 시작하면 간결하게 다시 정리가 되더라는 것이다. 그리고 새로 작성한 것이 아주 깔끔하다.

마찬가지이다. 고조 단군으로부터 이명박에 이르기까지 오천 년의 역사이야기를 막 끝냈는데, 그것을 다시 되풀이해야 한다고 생각해보자. 정확하게 재현할 수도 없고 짜증이 날 것이다. 그러나 어떻게든 해야 할 때 생각나는 것은 아주 일부이다. 그 일부야말로 아주 중요한 부분이다. 가장 간단한 내용이면서, 당신이 가장 내세우고자 하는 내용이기도 하다.

요즘 사람들은 손만 뻗으면 쉽게 대량의 정보를 얻을 수 있다. 그래서 뇌는 가장 흥미로운 정보에만 반응을 보이고, 나머지 정보들은 한쪽으로 밀어놓게끔 길들여졌다. 뇌 속에서 정보들이 길게 열을 지어 서 있는 장면을 상상해보자. 아무리 유용한 정보라고 해도 줄이 워낙 길기 때문에 기다리다가 잊히기가 일쑤다. 남아 있는 것은 앞줄에 선 최근의 정보들, 그중에서도 가장 인상적인 것들이 대부분이다. 간단하고 힘 있는 말일수록 오래 기억되는 이유가 거기에 있다.

다음 두 가지 예 중 어떤 말이 더 와 닿는지 골라보자.

A : 일반적으로 말해서 성공의 확률은 50%이다. 결과에 영향을 미치는 요소는 두 가지에 불과하다. 즉, '목표를 실현하든지 목표를 실현하지 않든지' 이다. 이것은 물론 목표가 확실함을 전제로 해야 한다.

B : 이기지 않으면 진다.

둘 다 '성공 확률' 에 관한 이야기지만 주는 느낌은 너무도 다르다. 겉만 보면 전자가 그럴듯하게 느껴질 수도 있다. 그러나 실용성 측면에서 보자면 쓸 데 없는 사설에 불과하다. 대학원 강의의 '확률론' 에서나 나올 법한 말이 아닌가? 일상생활에서라면 후자가 훨씬 더 강한 인상을 줄 것이 틀림없다. 가령 윗사람이 부하직원의 사기를 북돋우려는 상황이라고 생각해보라. 어떤 식으로 말하는 것이 더 효과가 좋겠는가?

다른 경우이다.

4학년 딸이 엄마에게 쪼르르 달려왔다. 딸은 눈물이 그렁그렁해서는 6학년 오빠가 자기에게 한 짓을 일러바쳤다.

"엄마, 내 친구들이 오기만 하면 오빠가 우리를 못살게 굴어. 오빠 좀 혼내줘!"

얼마 전까지만 해도 엄마는 아들을 큰소리로 야단치곤 했다.

"몇 번을 말해야 알아듣겠니? 동생 좀 괴롭히지 말란 말이야. 또 그랬다가는 너는 맛있는 것도 안 주고, 용돈을 줄일 테니 그리 알아!"

하지만 아들은 매번 눈도 깜짝하지 않았다. 그래서 방법을 바꾸기로 결심한 엄마는 아들에게 이렇게 말했다.

"둘 중 하나만 택해. 용돈을 깎을까, 동생과 잘 지낼래?"

그러자 아들은 씩 웃으며 이렇게 대답했다.

"알았어요, 엄마. 동생과 사이좋게 지낼게요."

그 이후로 오빠는 다신 여동생을 못살게 굴지 않았다.

말이 짧을수록 큰 힘을 발휘하는 것은 공식석상에서도 마찬가지다. 미국 예일대학이 개교 300주년을 맞았을 때 당시의 총장이 한 축사이다.

"우리 예일대학은 총 다섯 명의 대통령을 배출했습니다. 그뿐만 아니라 CEO를 가장 많이 배출한 대학이기도 합니다. 또한 노벨 물리학상 세 명, 화학상 세 명, 문학상 여덟 명, 퓰리처상과 그래미상 등을 포함한 수상자가 총 팔십 명이나 됩니다. 우리 예일은 인류 문명과 사회진보에 이바지한다는 신념을 시종일관 지켜나갈 것입니다."

우리나라 총장들과는 확연히 다르다.

예일대 총장은 1분도 채 되지 않는 말속에 대학의 300년 발전사를 고스란히 넣었다. 이 연설은 '300년 VS 1분' 이라는 선명한 대비로 그 자리에 있던 많은 사람들에게 큰 감동을 선사했다.

Tip

남에게 깊은 인상을 주는 말들

- 문제를 해결하는 핵심적인 말
- 특수한 상황에서의 간단한 말
- 일반적 상황에서의 중요한 말
- 누구나 함부로 말하기를 꺼려하는 진실
- 아주 유머가 넘치는 말

#4 상대를 뒤흔드는 한마디 말

주유소에서 기름 값이 아주 싸다는 식의 말은 여러 가지 문구로 할 수 있을 것이다. 전라북도 군산시의 한 주유소는 화투의 오동, 흔히 '똥'이라 부르는 그 짝을 붙여둬, 긴 말 않고 '똥값 = 쌈'을 알려 대박이 났다고 하지 않는가.

"삶이 그대를 속일지라도……"의 너무나 유명한 시인, 러시아의 알렉산드르 푸슈킨의 일화이다.

그는 모스크바 광장에서 한 소경걸인을 발견했다. 한겨울인데도 걸인은 얇은 누더기를 걸치고 있었다. 그는 광장 구석에 웅크리고 앉아 벌벌 떨다가 사람들의 발소리가 나면 "한 푼 줍쇼, 얼어 죽게 생겼습니다!" 하면서 구걸을 했다.

그의 모습은 가련했지만 모스크바에 그런 걸인은 셀 수 없이 많았다. 때문에 그에게 특별히 동정의 눈길을 보내는 사람은 없었다. 그러나 푸슈킨만은 줄곧 그를 주의 깊게 지켜보다가 이렇게 말했다.

"나 역시 가난한 형편이라 그대에게 줄 돈은 없소. 대신 글씨 몇 자를 써서 주겠소. 그걸 몸에 붙이고 있으면 도와주는 사람들이 있을 거요."

푸슈킨은 종이 한 장에 글씨를 서서 거지에게 주고 사라졌다.

며칠 후 푸슈킨은 친구와 함께 다시 모스크바 광장에 나갔다. 그런데 그 걸인이 어떻게 알았는지 불쑥 손을 내밀어 그의 다리를 붙잡았다.

"나리, 목소리를 들으니 며칠 전 제게 글씨를 써준 분이 맞군요. 하느님이 도와서 이렇게 좋은 분을 만나게 해주셨나 봅니다. 그 종이를 붙였더니 그날부터 깡통에 많은 돈이 쌓였답니다."

푸슈킨은 조용히 미소를 지었다. 친구와 그 소경걸인이 동시에 물었다.

"그날 써준 내용이 도대체 무엇인지요?"

"별거 아닙니다. '겨울이 왔으니 봄도 멀지 않으리!' 라 썼습니다."

사람들은 이 걸인을 보고 느꼈을 것이다. '지금은 비록 처참한 날들을 보내고 있지만 희망을 잃지 않는 사람이다. 봄을 기다리는(재기하려는) 이 사람은 도와줄 필요가 있다.'

많은 사람을 감동시키는 것은 그렇게 복잡하고 어려운 일만은 아니다. 때로는 간단할수록 '명중률' 이 높은 법이다.

간결한 말은 여백을 남겨두어 듣는 이로 하여금 그 의미를 되새길 수 있도록 한다. 마치 동양화의 여백이 은은한 여운을 주듯이 말이다.

이와 반대로 지나치게 노골적이며 여백 없이 '가득 찬 말' 은 상대에게 거부감을 준다. 심한 경우는 불필요한 오해를 불러일으키기도 한다. 사람의 마음으로 수용할 수 있는 감동은 한계가 있다. 아무리 좋은 말도 지나치게 많이 들으면 마음이 무디어져버린다는 얘기다.

간결한 말이 사람의 마음을 움직이는 이유는 일단 이해하기 쉽기 때문이다. 서로 소통할 수 없다면 당연히 감동도 없다.

경상도 남자와 결혼한 서울 여자. 마누라는 결혼생활 삼십 년 내내 남편의 너무 무심한 말 탓에 불만이었다. 그는 요구하는 것도 "밥 도!(밥 줘)", "아는?(아이는?)", "자자!"가 전부였고, 모든 물음에 단답형으로 일관하는 타입이었다. 무엇을 하고 싶으냐고 물으면 "묵자!(먹자!)", 무얼 먹느냐고 물으면 "밥!" 하고 대답하는 식이었다. 보다 못한 마누라가 마침내 폭발해서 대판 싸울 지경이 되었다. 그때서야 남편은 이렇게 해명했다.

"마누라! 너무 화내지 말아요. 이 짧은 대답 속에 내 삶의 모든 것이 함축되어 있지 않소? 당신도 알다시피 앞으로 우리가 살 날이 점점 줄어들고 있소. 젊을 때는 하루씩 줄어드는 것으로 계산했는데 이제는 1분 1초가 아깝구려. 마누라, 내 말속에도 당신을 사랑한다는 말이 수백 번 들어 있지만 소리만 나지 않았던 것이오."

부부가 함께 살아가려면 서양인들처럼 매일 매순간 사랑한다고 구구절절 설명하지는 않더라도 마음으로 상대를 위하는 그 어떤 것은 있어야 한다. 다른 말로 표현하더라도 '사랑'을 말하고 있구나 하는 한 마디는 있어야 한다.

'사랑' 이라는 단어 자체가 짧고 간단한 것처럼, 그 마음 또한 간결하고 소박하게 표현해낼 수 있다. 지나친 수식을 붙여 복잡하게 말한다고 사랑이 커지는 것은 아니고 오히려 '오버한다' 는 의심을 주고 빛을 잃을 것이다.

말이 간결해질수록 그 말이 전달하는 감동은 더 커진다는 걸 명심하자.

'한마디' 의 위력은 비단 감동에만 있는 것이 아니다. 강력한 상대를 설복시켜야 하는 상황에서도 줄여서 한마디로 말하는 것이 가장 효과적이다.

일본인들은 미국인들 이상으로 사무를 실용적이고 효율적으로 처리하기로 유명하다. '경제' 적인 두뇌를 가지고 있으며 개개인이 모두 성실하다는 인상을 준다. 이러한 특성은 비즈니스 협상을 할 때도 여실히 드러난다.

어느 날 일본의 한 기업이 미국 기업과 모 프로젝트에 관한 협상을 벌이고 있었다. 사실 미국 기업 측은 첨단수법을 총동원해서 일본 기업 측이 제시할 오퍼가격 정보를 미리 입수한 상태였다. 그런데 일본 측은 그 사실을 전혀 모르고 있었다.

미국 측은 일이 자신들에게 유리하게 돌아가자 기쁨을 감추지 못했다. 그들은 일본 측이 제시할 가격에 맞추어 모든 시나리오를 짰다. 많은 인적·물적 자원을 동원해서 자료들을 수집하고, 자신들의 프로젝트를 다양한 형식으로 사전에 홍보했다.

협상 테이블에서 미국 측은 미리 준비한 책자를 나누어주었다. 그리고 전문가가 멋들어진 프레젠테이션을 성공리에 마쳤다. 마지막으로 미국 측 협상 대표가 득의양양하게 말했다.

"데이터 분석 결과, 귀사에서 제시한 가격은 거품이 많이 들어있다는 점이 밝혀졌습니다. 이 점을 어떻게 생각하시는지요?"

미국 측 대표는 승리를 확신하며 일본 측의 반응을 기다렸다. 그런데 일본 측 대표의 대답은 의외였다.

"못 알아들었소."

마치 풍선에서 바람이 빠져나가는 것 같은 대답이었다. 미국 측 대표는 그들이 영어를 못 알아들었다고 생각했다. 그래서 처음부터 되풀이하여 설명해주었다. 하지만 일본 측 대표는 '알아듣지 못했다' 는 대답을 반복할 뿐이었다. 미국 측 대표는 그제야 상대가 일부러 못 알아듣는 척한다는 사실을 눈치 챘다. 그러나 이미 미국 측의 전략이 많이 노출되어버리고 난 후였다.

결국 협상의 주도권은 일본 측으로 넘어가고 말았다. 어떻게든 프로젝트를 성사시켜야만 했던 미국 측은 하는 수 없이 크게 양보하여 예상보다 훨씬 낮은 가격에 납품하기로 하고 협상을 마무리했다.

복잡한 것과 자세한 것은 다르다. 복잡할수록 허점이 많다는 사실을 알 수 있다. 장황한 말을 길게 늘어놓았을 때, 위의 경우처럼

"못 알아들었소!" 해버리면, 그 단 한마디에 와르르 무너지고 만다. 말을 간단하게 하면 허점도 그만큼 줄일 수 있다. 상대방에게 공격할 틈을 주지 않기 때문이다.

싸움의 진정한 고수는 자기의 기술을 자랑하는 법 없이 한 방에 상대를 보내버린다. 손가락 하나 까딱하는 것만으로 급소를 정확히 공격한다. 이렇게 손가락 끝으로 상대를 쓰러뜨릴 수 있는 것도 다 사람의 몸이 '복잡' 하기 때문에 가능한 것이다.

Tip

노래방에서 노래하듯 말하라

- 가장 먼저 하라
- 다소 큰소리로 외치듯 하라
- 같은 것을 반복하지 마라
- 옛날 것보다는 최신 것으로 하라

#5 세계 정치인들의 말

현재까지 세계 대통령들 중 가장 긴 취임사는 1841년 3월 4일에 취임한 미국의 윌리엄 헨리 해리슨의 무려 8,445단어 분량의 연설이다. 해리슨은 비가 내리는 쌀쌀한 날씨 속에서도 대통령의 책임을 다한다는 욕심 때문이었는지 무려 두 시간이 넘도록 연설에 매달렸다. 해리슨은 취임 한 달 만에 폐렴으로 숨지고 만 최고로 불운한 대통령이 되고 말았다.

미국 역사상 가장 긴 취임연설을 한 주인공이 가장 짧은 기간을 재임했다는 아이러니한 기록도 세웠다. 남긴 업적이 없어서인지 해리슨의 장황한 연설 내용에 주목한 역사가들은 예나 지금이나 거의 없다.

연설은 간결할수록 더욱 강렬한 인상을 남기는 법이다.

조지 워싱턴

미국의 초대 대통령 조지 워싱턴의 재선 취임연설문은 고작 135단어에 불과했다. 연설에 걸린 시간도 채 2분이 걸리지 않았다. 짧게 말해 그는 더욱 당당했고 국민들은 무한한 신뢰를 보내줬다. 그가 국부의 지위로 짧게 한 연설이었지만 억지 위엄을 가진 것은 아니었다.

윈스턴 처칠

윈스턴 처칠은 뜻밖에도 언어장애를 가졌던 정치인이었다. 그럼에도 그는 뛰어난 연설가로 인정받는다.

1953년 처칠은 모교인 옥스퍼드대학 졸업식에 초대받았다. 현직 수상이자 노벨상 수상자, 제2차 세계대전의 영웅의 입을 모두 쳐다봤다. 그런데 그의 졸업식 축하연설은 세 마디가 전부였다.

"Never, Never, Never give up!(절대로, 절대로, 절대로 포기하지 말라!)"

이런 처칠에게 사람들은 오래도록 박수갈채를 보냈다. 연사의 발음은 비록 나빴지만 무슨 일이 있어도 포기하지 말라는 진정성을 연설에서 충분히 들었기 때문이다. 그가 긴 일장의 연설을 했다면 졸업식 참석자들이 그토록 열광하지 않았을 것이다.

이처럼 알아듣기 쉬운 말로 간절한 마음을 표현하면 청중들은 더 깊은 감동을 받는다.

아브라함 링컨

연설 중의 연설로 역사에 길이 남은 링컨의 게티즈버그 연설은

270여 개의 단어가 전부이다. 하지만 '국민의(of the people), 국민에 의한 (by the people), 국민을 위한(for the people)' 이라는 몇 개의 단어로 미국의 건국이념과 민주주의에 대한 신념, 인류평등이라는 대명제, 남북전쟁의 타당성, 전몰병사와 유족들에 대한 위로의 메시지를 완성한 것이다.

단 몇 마디 말로 세상을 바꾸는 리더의 비밀병기는 단어연금술이다. 단어연금술이란 거칠고 평범한 단어를 단련하여 황금 같은 메시지로 만들어내는, 단어 구사 능력을 말한다. 메시지를 만드는 일도 통찰력을 발휘하여 적절한 단어를 고른 다음, 한두 개의 단어를 주의 깊게 배열하는 작업이다. 링컨이 그랬다.

존 케네디

1961년 온 미국인을 감동시키며 미국 전역에 활기를 불어 넣은 케네디 대통령의 취임연설 역시 한국의 대통령들이 추운 겨울날 야외에서 삼사십 분씩 읽는 것과는 길이에서부터 천양지차를 보인다. 케네디는 사람들이 어느 정도 견디는 한계시간인 15분 내에 연설을 한 것이다. 그러나 할 말은 다 했다.

연설의 귀재 케네디 대통령은 되도록 짧은 말을 골라 썼다. 다른 유식한 사람이 '적대자' 라고 하면 그는 '적' 이란 한 글자 단어를 쓴 셈이다. 이전에 탁월한 저널리스트였던 케네디는 짧은 단어, 기왕이면 짧은 음절로 메시지를 전달하면 설득력을 극대화한다는 것을 알고 있었다.

지금도 케네디의 자료화면을 보면 대개 정열적으로 연설하는 모습들이다.

아돌프 히틀러

잔인한 전범이라는 것을 염두에 두지 않는다면 그는 '독일노동당'을 매우 짧은 시간에 흐릿한 존재에서 확실한 존재로 바꾼 위대한 정치인이었다. 또한 그는 최고의 웅변가였다. 무슨 일이든 자신이 솔선수범을 보였다. 역사, 현상 및 정치에 대한 그의 지식은 당내에서 어떤 사람보다도 뛰어났으며, 독일의 어떤 사람보다도 우수했다.

히틀러가 설득을 하면 바위도 움직일 정도이었다. 히틀러가 말하면 사람들은 황홀해하면서 시간 가는 줄을 몰랐다. 이런 끔찍한 말들이 당시의 사람들에게는 먹히고 또 먹혔다.

"국민을 다스리는 데는 빵과 서커스면 된다."

"대중은 여자와 같다. 자기를 지배해주는 것이 출현하기를 기다릴 뿐, 자유를 주어도 어리둥절할 뿐이다."

"선전에 의해 사람들이 천국을 지옥으로, 또는 지옥을 천국으로 여기도록 할 수 있다."

"여자는 약한 남자를 지배하기보다는 강한 남자에게 지배당하는 것을 좋아한다."

"아침과 한낮에 사람들은 의지력으로 반항한다. 그러나 저녁에는 지배적인 힘에 더 쉽게 굴복한다."

"하늘은 인간보다 우월한 것이다. 그 까닭은 다행스럽게도 우리 인간은 인간을 속일 수 있지만, 하늘은 결코 매수할 수 없기 때문이다."

그의 말들은 대개가 오만함의 극치를 보이는 것이지만 독일인들이 열광을 했다니 역사의 아이러니가 아닐 수 없다.

빌 클린턴

1992년 미국 대통령선거에서 민주당의 '빌 클린턴' 후보가 공화당의 '부시' 에 맞서 내세운 대표적 구호는 아주 쉽고 우스꽝스럽기까지 했다.

"It' s economy, stupid!(문제는 경제야, 바보야!)"

이 세 마디는 클린턴의 승리에 크게 기여했다는 평가를 받았다. 이게 진정한 촌철살인이다.

'마이티 빌(강한 빌)' 이라는 애칭을 들었던 클린턴은 큰 나라의 지도자답게 뛰어난 스피치로 자신의 포부를 세상에 알려 인정을 받았고, 꿈을 하나씩 이뤄나갔다. 지금도 그는 길고 복잡하게 말하지 않는다. 보다 많은 사람들이 알아듣도록 하기 위해 쉽고 간략하게 말한다.

셰익스피어의 작품 「맥베스」에서 주인공 맥베스는 "영혼이 투영되지 않은 말은 결코 하늘에 오를 수 없다."고 했다. 클린턴의 능력이 연설에 나타난 것은 말의 향연에서 응당 얻는 대가가 아닌 진정성이 있어서 가능한 것이었다.

엘 고어

2002년 10월 미국 워싱턴에서는 대통령선거를 앞두고 대선후보들의 첫 토론회가 열렸다. 대단한 인기를 구가한 클린턴 정부에서 8년 동안이나 부통령직을 수행한 앨 고어 후보는 수치를 중시하는 토론연습을 했다. 누가 봐도 그는 똑똑했다. 하지만 그는 텔레비전 토론회에서 큰 내상을 받았다. 부시 후보가 던진 가시 돋친 한마디 때문이었다.

"고어 후보는 계산기를 발명한 모양입니다."

고어가 부시 쪽을 겨냥하여 수치들을 쏟아내고, 조목조목 근거를 제시하고 의견을 주장한 반면, 부시는 약간 어수룩해 보이는 표정까지 보이며 정곡을 찔렀다. 대중은 고어를 '냉담한 정책전문가' 라고만 봤다. 고어의 이날 토론은 훌륭했지만 상대적으로 덜 훌륭한 부시의 이 한마디에 유권자들의 표심은 고어에게서 멀어졌다.

똑똑한 것이 오히려 탈인 특별한 경우이다.

고어는 바로 감성의 힘을 놓치고 말았다. 감성은 여자의 마음을 빼앗고, 소비자의 지갑을 열게 하고, 한 국가의 대통령까지 따로 점지한다. 우리가 흔히 정치를 이성적 판단에 근거한다고 생각하지만, 아니 그렇게 믿고 싶어 하지만 실상은 이처럼 감성코드에 따라 결과가 바뀌는 것이다.

당신이 꼭 정치가가 아니라 한 집안의 가장노릇을 하려 해도 배워야 할 연설기법이다.

한국 정치인들의 말 #6

이승만

우리나라 초대대통령 하면 '이승만'이라는 이름에 앞서 "뭉치면 살고 흩어지면 죽는다!"는 그가 했던 말을 떠올린다.

그의 연설내용은 이렇게 전한다.

"여러분! 뭉쳐야 합니다! 조선민중이 뭉쳐야 삽니다! 사농공상이 한마음으로 새 세상을 만들어 가야만 합니다! 하늘 아래 모든 백성이 평등한 세상! 탐관오리가 없는 새 세상을 맞으려면 우리는 뭉쳐서 깨어나야 합니다!"

이승만은 '뭉치면 살고 흩어지면 죽는다'는 이 말을 24세 때인 1898년에 처음 썼다고 회고한 적이 있다.

그는 독재자로 쫓겨나 불우한 만년을 보냈지만 그가 했던 말들은 지금도 사람들이 성대모사의 주요 소재로 삼을 만큼 생명이 길다. 미국에서 유학하며 이른바 신식학문을 배운 엘리트였지만 교육수준이 낮은 국민들을 향해 늘 쉬운 말로 연설했다.

"남을 음해한다거나 또는 남을 결단내고 내가 그 자리에 들어가겠다는 불한당의 생각은 다 버려야 민중의 지지를 받게 되는 것입니다."

(1956년 9월 11일 경기도의회 의원들에게 치사)

박정희

"다시는 나 같은 불행한 군인이 나와서는 안 되겠습니다."

산업화의 신과 인권유린 독재자, 두 가지로 호불호가 극명하게 평가되고 있는 정치인이다. 그가 군사혁명을 성공하여 대통령에 취임하면서 시대의 소명으로 이 자리에 올랐다면서 했던 유명한 말이다.

그는 웃지 않은 정치인으로 유명했지만 농민들과 어울릴 때는 들판에 털썩 주저앉아 함께 막걸리도 마셨던, 서민 대통령의 모습도 자주 보였다. 그의 쉰듯하고 카랑카랑한 목소리는 아직도 많이 전하는데, 비록 단구(短軀)였지만 늘 카리스마가 넘치는 연설을 했다.

"역사는 언제나 난관을 극복하려는 의지와 용기가 있는 국민에게 발전과 영광을 안겨다주었다."

"전쟁을 좋아하는 국민은 망하게 마련이지만, 전쟁을 잊어버리는 국민도 위험하다."

"우리나라는 다른 나라에 비하여 적어도 일세기라는 시간을 잃었다. 이제 더 잃을 시간의 여유가 없다. 남이 한 가지 일을 할 때 우리는 열 가지 일을 해야 한다.”

“농사는 하늘이 지어주는 것이 아니라 인간의 지혜와 노력으로 짓는 것이다.”

김영삼

현존하는 전직 대통령으로 시국에 대하여 자주 강한 발언을 하고 있다. 그의 톤은 여전히 높으며 사투리가 심하긴 하지만 국민들 귀에 쏙쏙 들어온다. 그는 조어능력에 탁월하다. 그는 ‘군정종식’, ‘문민정부’, ‘세계화시대’ 라는 금방 외울 수 있는 함축적 수사력을 발휘했다.

“머리는 빌릴 수 있어도 건강은 빌릴 수 없다.”라는 말은 반대파의 공격대상이 되기도 했지만 그의 지략을 나타낸 수작이다.

“닭의 목을 비틀어도 새벽은 온다.”는 이미 모든 사람들이 알고 있는 친근한 말이지만, 군사독재정권의 멸망은 시간문제라는 의미심장함을 내포하고 있어서 아직 인구에 자주 회자된다.

YS의 거침없는 말은 독설가라는 별명도 함께 붙여주었다.

김대중

박정희만큼이나 애증이 명징하게 반반인 인물이지만, 평화 정착을 위한 공로로 우리나라 최초로 노벨평화상을 받았다.

"여러 동포들/ 나의 사랑하는 삼천만 동포들이여/ 친애하는 국민 여러분/ 북녘 땅과 해외에 계시는 동포 여러분/ 존경하는 국민 여러분……."

역대 대통령들 연설에서 나온 대국민 지칭어들이다.

DJ는 특별하게 "존경하고 사랑하는 국민 여러분!"이라는 그만의 독특한 부름말을 썼다.

김대중의 연설에 대한 일화는 아주 많다.

그가 한 5시간 19분 동안의 국회 연설은 이후 기록을 깨는 사람이 없다. 아무리 수다에 능하다 해도 설령 청중의 반응이 우호적이라도 그렇게 장시간 연설하기란 쉽지 않을 것이다.

1964년 4월 20일, 당시 제6대 국회의원, 초선의원이었던 때의 일이다. 김대중 전 대통령은 이 일 때문에 세계 기네스북에도 올랐다. 합법적 의사진행방해 연설인 필리버스터를 장장 5시간 넘게 한 것이다.

이회창 후보가 대선전에서 김대중 후보에게 나이 많은 것을 문제 삼았다.

"고령에 힘든 국정을 제대로 살필 수 있을까요?"

김대중의 응수는 그 이상이었다.

"그렇게 말하는 사람도 적은 나이는 아닙니다."

강한 장군에 더 센 멍군이 먹히는 순간이었다.

사실 유사한 일화가 미국에서 이미 있었다. 젊고 패기만만한 먼데일은 노회한 레이건의 아킬레스건을 건드렸다.

"거대한 미합중국을 이끌어야 할 지도자가 너무 늙지 않았습니까?"

미국 국민들은 텔레비전 토론에서 수세에 몰린 것 같은 레이건이 어떻게 대응하나 숨죽여 지켜봤다. 그는 부드럽지만 분명한 어조로 말했다.

"나는 나이가 젊어 국정수행이 어려운 것을 선거 전략으로 하지 않겠습니다."

미국 국민들은 젊고 공격적인 먼데일이 아닌, 늙었지만 여유가 넘치는 로널드 레이건을 선택했다.

노무현

"그럼 사랑하는 아내를 버리란 말입니까?"

이 말에 여성유권자들은 감동했다. 노무현 후보가 장인의 공산당 부역사실을 추궁 당하자 그가 받아친 말이었다. 감성이 이성을 누르는 순간이었다.

그는 인권변호사 출신답게 연설능력이 누구보다도 뛰어났다. 임기 초기에 평검사들과의 맞장토론에서 나온 말 "이쯤 되면 막 가자는 거지요?"는 정치를 전혀 모르는 어린 초등학생들이 따라할 정도의 명언이 되기도 했다.

1988년 7월 8일 국회 본회의장에서 첫 대정부 질문에 나선 초선 의원 노무현은 거침이 없었다.

"국무위원 여러분! 저는 별로 성실한 답변을 요구 안 합니다. 성실한 답변을 요구해도 비슷하니까요."

노무현은 정열적으로 외쳤는데, 반대파들은 지나치게 이상만을 추구하고 급진적이고 불안한 개혁을 논한다고 비난을 했다. 그는 말했다.

"제가 생각하는 이상적인 사회는 더불어 사는 사람 모두가 먹는 것 입는 것 이런 걱정 좀 안 하고, 더럽고 아니꼬운 꼬라지 좀 안 보고, 그래서 하루하루가 좀 신명나게 이어지는 그런 세상이라고 생각합니다."

이명박

불도저 같은 추진력에 비하면 연설은 오히려 아기자기한 편이다. 책임소재를 정확히 따질 때는 리더로서의 확실하고도 강력한 지도력이 보인다.

대통령후보 경선 중에 같은 당의 경선자에게까지 여러 가지 공격을 받자 참지 못하고 "세상이 미쳐서 나를 죽이려고 한다."고 했던 말은 흠으로 남아 있다.

이승만·윤보선·박정희 대통령이 자신을 '나', 최규하·전두환 대통령은 '본인'이라고 했는데, 노태우 이후 김영삼·김대중·노무현 대통령과 현 이명박 대통령은 '저'라고 일컫고 있다. 왕조시대가 아닌 다음에야 너무나 당연한 자신을 낮추는 칭호이다.

노무현 전 대통령과 이명박 대통령의 공통점이 있다. 두 사람이 어떤 때는 남을 의식하지 않고 거침없이 말을 한다는 것이다. 노 전 대통령은 "대통령짓 못해먹겠다."고 말해 국민들을 불안케 했으며, 이명박 대통령은 후보시절에 '빈둥대는 노동자'라거나 '마사지걸 고르는 법' 따위의 말을 했다가 여론의 질타를 받은 적이 있었다.

두 사람은 근거가 미약한 자기 확신에 아무 말이나 너무 당당하게 하는 것이 문제가 됐다.

박근혜

"대전은요?"

그녀가 병실에서 던진 이 한마디로 엄청난 반향이 일었다.

2006년 5월, 당시 제 1야당의 당대표로 지방선거를 지휘하던 그녀가 5·31 지방선거를 열하루 앞두고 노상에서 면도칼 테러를 당하면서 이른바 거센 '박풍'이 불기 시작했다. 수술을 받고, 의식을 차린 후 첫마디가 '대전은요?'였다.

그녀는 당시 부패혐의로 엄청난 구설수로 올라 있던 당을 살려낸

수훈갑이었다. 그 말은 대전 시장을 뽑는데 자당의 상황을 물은 것으로, 국민의 뇌리에 강하게 박혔고 많은 지지를 얻어냈다.

'선거의 여왕' 이라는 별칭을 갖고 있는 그녀를 말할 때 '대전은요?' 한 마디이면 충분한 설명이 된다.

당신은 무엇을 어떻게 말하고 싶은가? 혹시 위의 정치인들의 말에서 해답을 찾을 수 있었는가?

이제 당신도 그들처럼 당신의 생각을 머뭇거리지 말고 단적으로 표현하라. 정치인들의 명쾌한 사자후나 단문 수사에서 각각의 메시지를 발견했고 자신감을 얻었다면 그것만으로도 아주 큰 진보를 한 것이다.

Tip

김정일 어록

북한의 김정일 국방위원장은 신조어를 잘 구사한다고 알려져 있다.

그중에는 '옥비(玉雨)' 라는 말도 있다.

찬비는 계절에 상관없이 사람의 건강에 무척 안 좋고 기분까지 스산하다.

그러나 김정일은 북한 인민들이 맞는 세찬 찬비를 선조들이 보물로 여겨온 옥(玉)에 비유하여 귀중하고 행복한 '옥비' 라고 표현했다.

"우리는 전쟁을 원치 않는다. 하지만 미제가 도발한다면 수십 년 간 다지고 다져 온 위력한 자위적 억제력을 총 발동시켜 미제를 지구에서 영원히 지워버리겠다."

"사회에서 북·미 회담을 하건, 북·남 대화를 하건 전혀 신경 쓰지 말고, 군은 오직 내가 명령하면 즉각 칠 수 있게 전투력을 강화하고 전투준비를 철저히 하는 데 전념하라."

"통일을 이루지 못하면 그것은 김정일이 아니다!"

인민의 사정을 알고 하는 말인지 모르겠지만 어쨌건 기백은 당당하다.

chapter 02

성공하는 대화법

kiss하듯 말하라!

제2부

말에 가지치기를 해주자

촌철살인의 비법이 여기 있고, 누구나 할 수 있다!

'예술' 이 남발되어 스피치까지 예술이라고 말한다. 어떤 일이 일단 '예술' 이라는 단어가 들어가면 신비한 대상으로 둔갑하게 마련이다. 당신은 예술이라는 말에 압도되어 스피치를 꿈도 꿀 수 없는 고난이도의 무언가로 생각하고 있지 않은가?

겁먹지 마시라. 스피치를 예술의 경지까지 끌어올릴 필요는 없다. 자신의 의사를 제대로 전달하고, 잘못된 말 때문에 난처한 일이 생기지 않도록 하기만 하면 되는 것이다. 우리처럼 평범한 사람들은 예술 뒤에 가려진 소박한 기초를 더 중요시해야 한다. 마찬가지로 간결한 화법을 오르지 못할 나무로 여길 것이 아니라, 충분히 활용 가능한 도구라고 생각해야 한다.

그렇다고 아무렇게나 말해도 괜찮다는 뜻은 아니다. 여기에도 일정한 원칙은 있다. '사고하기, 순서 정하기, 상식을 바탕으로 말하기' 이 세 원칙을 지켜야 한다.

하나의 원칙을 덧붙인다면 바로 당신이 하고 싶은 '자기의 말' 을 하라는 것이다. 이 몇 가지만 잘 지키면 아무리 복잡한 상황에서도 간결하고 적절하게 말할 수 있다.

간결한 화법의 원칙은 앞에서도 언급했고 계속 말하겠지만, 말을 소리화하기 전에 생각을 먼저 하라는 것이다. 또한 무작정 자기 의견을 내세우기보다는 다른 사람의 말을 먼저 들어야 한다. 우리 입속에 살고 있는 혀는 경쟁심이 강하다. 자신의 머리와 시간싸움을 벌이는가 하면, 다른 사람의 혀와 말싸움을 벌이기도 한다.

#1 떨림증, 울렁증의 정체

'스피치'는 사실 무척이나 민감한 행위다

공식적인 자리에서의 한마디 한마디는 듣는 사람들의 군중심리 때문에 왜곡되기 십상이다. 이를테면 발언자 본인은 분명 '오른쪽' 이라고 말했어도 '왼쪽' 으로, '김' 을 '이' 로 이해하여 들은 사람도 있을 수 있다. 당신도 한 번쯤 겪었음 직한 일이다.

사람들은 스피치의 'S' , 혹은 연설의 'ㅇ' 만 들어도 잔뜩 긴장을 하거나 심지어 덜덜 떨기도 한다. 말하는 사람이 함부로 말할 수 없으며 말한 것에 대해 일정한 책임을 져야 하기 때문이다.

아무리 작은 미팅이라도 사적인 자리와는 다른 법이다. 공식적인 자리에서 말을 할 때는 한마디 한마디, 심지어 단어 하나하나까지 최소한 세 명 이상에게 검증을 받는게 좋다. 제대로 말했는지 아닌지, 그 결과가 청중의 얼굴에 당장 나타난다. 이런 즉각적인 효과 때문에 발언자는 소심하게 발언하기 일쑤다.

그러다보니 스피치는 즉각 현장에서 반향을 일으킬 뿐 아니라 후유증까지도 남긴다. 청중들의 기억 속에 좋든 나쁘든 어떠한 인상이 남게 되는 것이다.

이렇게 스피치가 어렵다고 마냥 회피할 수 있을까? 그래서는 안 된다. 오히려 매우 잘 해내야만 한다. 스피치는 청중 앞에서 일당백을 실현하는 성공의 지름길이 될 수도 있기 때문이다.

아무리 거창한 자리라고 해도 절대 주눅들 것 없다. 당신이 말하는 그 순간, 청중의 귀는 오직 당신에게 열려 있다. 당신의 입이 열리기 시작하는 그 순간만큼은 당신이 주인공이고, 나머지 사람들은 모두 들러리에 불과하다.

연단에 서 있는 순간은 사람을 도취시킨다. 내가 다른 사람들의 시간과 마음을 좌지우지할 권한을 가진 셈이니 당연하다. 그뿐 아니라 당신 자신의 미래를 결정하는 순간이기도 하다. 나아가 다른 사람의 인생에 당신의 자취를 새길 수도 있다. 그러니 스피치란 얼마나 근사하고 흥분되는 일인가. 더 이상은 두려워하지 마라.

당신도 실력 있는 연설가이다.

사람들 앞에서 떨지 않고 말하는 비결

업무 특성상 회의와 프레젠테이션, 고객미팅이 잦은 부서의 사람들은 모두가 말을 잘할까? 그렇지 않다. 오히려 이쪽에 떨림증환자들이 더 많다. 그들은 남들이 보는 것과는 달리 매번 힘들어한다.

그런가 하면 학창시절 발표시간에 망신을 당한 경험이 있거나, 말을 잘못해 실연을 당했거나 큰 계약을 놓친 사람은 남 앞에만 서면 후들후들 떤다. 그 후유증은 어떻게든 고쳐야지 자칫 평생 가는 수도 있다. 이 떨림증이라는 고약한 병 때문에 의사전달력이 떨어지고 좋은 평가를 받지 못한다.

접촉사고 없이 운전을 잘할 수는 없다. 떨림증 극복방법을 실천하기 위해서는 발표하는 기회를 일부러 피하지 않아야 한다. 자꾸 반복하는 수밖에 없다. 반복은 운동경기에서나 통하는 것이라고 잘못 안다면 큰 오산이다.

계속 부딪치는 방법이 유일한 방법이다. 당신의 울렁대는 새가슴은 어느 순간 감격의 물결로 출렁댈 것이다.

울렁증이 나쁘기만 한 걸까?

흔히 울렁증을 가진 사람은 말주변이 없고 소심하다고 생각하지만 그것은 말 그대로 편견일 뿐이다. 이런 사람이 울렁증을 극복하고 나면 정말 사람의 마음을 움직이는 화술의 달인이 된다. 사람들이 떠는 진짜 이유는 사람들에 대한 부담감 때문이다. 그래서 사람들 앞에서 자신 있게 말을 잘하기 위해 가장 먼저 배워야 할 것은 화술이 아니라 '울렁증'을 극복하는 것이다.

아무리 많은 화술이론서를 읽고 배짱이 두둑하다고 해도 남 앞에서면 울렁증이 이는 사람이 여전히 많다.

그런데 놀랍게도 연설능력이 뛰어난 정치인이나 심지어 방송국 아나운서 중에도 울렁증, 떨림증 때문에 고생을 했던 사람들이 있다. 우선 아주 간단한 치유 방법을 하나 이야기하자면, 처음에 짧게 이야기했다가 차츰 말의 길이를 늘려나가는 것이다. 한 걸음만 걷고 얼른 주저앉는 아기의 걸음걸이처럼.

공연 전 불안증(performance anxiety)

무대의 막이 오르고 눈부신 조명이 켜지면 어느 배우이건 다리가 후들거리고 입이 바싹 마르고 호흡이 가빠진다. 손바닥에는 땀이 나고 눈앞이 캄캄해진다. 칼슘 소모가 급증해 현기증마저 느낀다. 연기 도중 조그마한 실수라도 하면 쥐구멍이라도 들어가고 싶다. 끝까지 제대로 해낼지 정말 의문이다. 객석에서 금방이라도 비웃는 소리가 들리는 듯하다. 무대공포증이다. 당신의 이야기만이 아니다.

미국 교향악단 단원 중 40% 이상이 연주 직전 혈압강하제, 신경안정제 등 약물을 복용한 적이 있는 것으로 나타났다. 매일 복용하는 사람도 19%나 된다. 또 미국 음악가들의 27%가 '고혈압'을 이유로 혈압강하제를 복용하는 것으로 나타났다.

국내 한 탤런트도 녹화시간에 늦게 와서 PD의 채근을 듣고 떨려서 술을 마시고 왔노라고 말한 적이 있었다.
실제로 소프라노 군둘라 야노비츠는 자주 와인을 마시고 무대에 섰고, 아니면 억지낮잠이라도 자두거나 명상, 기도, 자기최면 등으로 마음을 다스렸다고 술회했다.

김연아도 떤다. 당신이 떠는 것은 너무나 당연하다. 이런 공포감에서 벗어나기 위해선, 누구라도 마이크 앞에 서면 평소 실력의 70~80%밖에 발휘할 수 없다는 것을 인정하는 마음을 가져야 한다.

적당한 흥분은 스피치에 활력을 불어넣기도 하므로 애써 피하려 할 것만은 아니다. 결국 최선을 다하면서 자기 연기나 말을 즐기려고 해야만 결과가 좋다.

웅변 챔피언이 된 '말더듬이'

미국 대학생 마커스 힐은 심한 말더듬이였는데, 스피치 담당교수가 용기를 주자 뛰어난 학생웅변가가 되었다.

남 앞에 서기만 하면 얼굴이 붉게 변했던 그가 교수의 권유에 계속 더듬거리며 "I' m here to win gold!(나는 우승하려 여기에 있다!)"는 말만 무려 4개월을 되풀이했다. 그가 전미 74개 커뮤니티 칼리지 스피치대회에서 자랑스럽게 우승을 했다.

입 있는 사람은 누구나 웅변가가 될 수 있다.

처음엔 한 문장을 제대로 말하기도(사실은 읽기도) 힘들었을 것이다. 그러나 차츰 익숙해지면서 자신감이 붙기 마련이다. 한 문장을 매끄럽게 말할 수 있다면, 두 문장에 도전하는 일은 훨씬 쉽다.

노코멘트와 염화시중의 미소 #2

염화시중(拈花示衆)의 미소는 노코멘트와 같을까? 가장 짧은 말은 노코멘트일까?

둘 다 아니다. 다만, 부정도 긍정도 아닌 말을 해야 할 때, 스피치 능력이 부족한 사람은 어떻게든 설명을 하려고 애쓰나, 뛰어난 화술가는 그저 입을 다물어버린다.

원래 염화시중의 미소는 석가의 제자 가섭에서 유래된다. 흔히 선(禪)의 기원을 설명하기 위해 전하는 이야기로 쓰이기도 한다.

영산에서 범왕이 석가에게 설법을 청하며 연꽃을 바치자, 석가가 연꽃을 들어 대중들에게 보였다. 사람들은 그것이 무슨 뜻인지 깨닫지 못하였으나, 가섭만은 참뜻을 깨닫고 미소를 지었고, 이에 석가는 가섭에게 사람이 본래 갖추고 있는 마음의 묘한 덕, 번뇌에서 벗어나 진리를 깨닫는 마음, 생사를 떠난 불변의 진리, 진리를 깨닫는 마음 등의 불교 진리를 전해주었다.

'염화시중의 미소'는 말을 하지 않고도 눈빛만으로도 마음과 마음이 통하여 깨달음을 얻게 된다는 뜻으로, 어떤 침묵은 말 그대로 웅변에 앞선다.

'묵묵부답' 이라는 말도 있다. 누가 묻는 것에 잠자코 가만히 있다는 뜻이니 이렇게 말해도 저렇게 말해도 모두 불편하다, 또는 좀 더 있다 대답을 하겠다는 뜻이다.

구소련의 그로미코가 유엔안보리에서 기자들의 추궁성 질문이 귀찮아서 "노코멘트!(아무 의견도 없다!)"라 외친 것이 '노코멘트'의 유래가 되었는데, 우리의 묵묵부답과는 뉘앙스 차이가 좀 느껴진다. 사실 외교언어에서 노코멘트는 부정적인 데 반해, 가만히 듣기만 하는 묵묵부답은 언젠가는 가부의 답이 나올 것 같다.

유명한 기자 룰러디타터시는 "노코멘트는 그것으로 이미 코멘트이다."라고 말한 적이 있다. '그것은 당신이 수세에 몰려 있다는 것을 여실히 보여주는 것' 이라고 정의를 내린 것이다.

노코멘트는 의혹만 부풀리고 사실을 왜곡해 오히려 말을 하지 않는 당사자에게 손해를 끼칠 수 있다.

"노코멘트!"라 하지 말고 "나는 유죄!"라고 당당하게 외치는 편이, 꼼수를 부리지 않는 정면승부사적 기질이 아닐까 싶다.

Tip

말을 보석으로 만드는 49가지 방법

1. 같은 말이라도 때와 장소를 가려서 해라 → 그곳에서는 히트곡이 여기서는 소음이 된다.
2. 이왕이면 다홍치마다 → 말에도 온도가 있으니 썰렁한 말 대신 화끈한 말을 써라.

3. 내가 하고 싶은 말에 열 올리지 말고 상대가 듣고 싶어 하는 말을 하라.
4. 입에서 나오는 대로 말하지 말라 → 체로 거르듯 곱게 말해도 불량률은 생기게 마련이다.
5. 상대방을 보며 말하라 → 눈이 맞아야 마음도 맞게 된다.
6. 풍부한 예화(例話)를 들어가며 말하라 → 예화는 말의 맛을 내는 훌륭한 천연 조미료이다.
7. 한 번 한 말을 두 번 다시 하지 마라 → 듣는 사람을 지겹게 하려면 그렇게 하라.
8. 일관성 있게 말하라 → 믿음을 잃으면 진실도 거짓이 되어버린다.
9. 말을 독점 말고 상대방에게도 기회를 주어라 → 대화는 일방통행이 아니라 쌍방교류다.
10. 상대방의 말을 끝까지 들어줘라 → 말을 자꾸 가로채면 돈 빼앗긴 것보다 더 기분 나쁘다.
11. 내 생각만 옳다고 생각하면 큰 오산이다 → 상대방의 의견도 옳다고 받아들여라.
12. 죽는 소리를 하지 말라 → 죽는 소리를 하면 천하장사도 살아남지 못한다.
13. 상대방이 말할 때는 열심히 경청하라 → 지방방송은 자신의 무식함을 나타내는 신호다.
14. 불평불만을 입에서 꺼내지 말라 → 불평불만은 불운의 동업자다.
15. 재판관이 아니라면 시시비비를 가리려 말라 → 옳고 그름은 시간이 판결한다.
16. 눈은 입보다 말을 더 한다 → 입으로만 말하지 말고 표정으로도 말을 하라.
17. 조리 있게 말하라 → 전개가 잘못되면 동쪽이 서쪽 된다.
18. 결코 남을 비판하지 말라 → 남을 감싸주는 것이 덕망 있는 사람의 태도다.
19. 편집하며 말하라 → 분위기에 맞게 넣고 빼면 차원 높은 예술이 된다.
20. 미운 사람에게는 각별히 대하여라 → 각별하게 대해주면 적군도 아군이 된다.
21. 남을 비판하지 말라 → 남을 향해 쏘아올린 화살이 자신의 가슴에 명중된다.
22. 재미있게 말하라 → 사람들이 돈 내고 극장가는 것은 재미가 있기 때문이다.
23. 누구에게나 선한 말로 기분 좋게 해주어라 → 그래야 좋은 기의 파장이 주위를 둘러싼다.
24. 상대방이 싫어하는 말을 하지 말라 → 듣고 싶어 하는 얘기하기에도 바쁜 세상이다.
25. 말에도 맛이 있다 → 입맛 떨어지는 말을 하지 말고 감칠맛 나는 말을 하라.

26. 또박또박 알아듣도록 말하라 → 속으로 웅얼거리면 염불하는지 욕하는지 남들은 모른다.
27. 뒤에서 험담하는 사람과는 가까이 말라 → 모진 놈 옆에 있다가 벼락 맞는다.
28. 올바른 생각을 많이 하라 → 올바른 생각을 많이 하면 올바른 말이 나오게 된다.
29. 부정적인 말은 하지도 듣지도 전하지도 말라 → 부정적인 말은 부정 타는 말이다.
30. 모르면 이해될 때까지 열 번이라도 물어라 → 묻는 것은 결례가 아니다.
31. 밝은 음색을 만들어 말하라 → 듣기 좋은 소리는 음악처럼 아름답게 느껴진다.
32. 상대방을 높여서 말하라 → 말의 예절은 몸으로 하는 예절보다 윗자리에 있다.
33. 칭찬, 감사, 사랑의 말을 많이 사용하라 → 그렇게 하면 사람이 따른다.
34. 공통 화제를 선택하라 → 화제가 잘못되면 남의 다리를 긁는 셈이 된다.
35. 입에서 나오는 대로 말하는 사람은 경솔한 사람이다 → 가슴에서 우러나오는 말을 하라.
36. 대상에 맞는 말을 하라 → 사람마다 좋아하는 음식이 다르듯 좋아하는 말도 다르게 마련이다.
37. 말로 입은 상처는 평생 간다 → 말에는 지우개가 없으니 조심해서 말하라.
38. 품위 있는 말을 사용하라 → 자신이 하는 말은 자신의 인격을 나타낸다.
39. 자만, 교만, 거만은 적을 만드는 언어다 → 자신을 낮춰 겸손하게 말하라.
40. 기어들어가는 소리로 말하지 말라 → 그것은 임종할 때 쓰는 말이다.
41. 표정을 지으며 온몸으로 말하라 → 드라마 이상의 효과가 나타난다.
42. 활기 있게 말하라 → 생동감은 상대방을 감동시키는 원동력이다.
43. 솔직하게 말하고 진실하게 행하라 → 그것이 승리자의 길이다.
44. 말에는 언제나 책임이 따른다 → 책임질 수 없는 말은 하지 말라.
45. 실언이 나쁜 것이 아니라 변명이 나쁘다 → 실언을 했을 때는 곧바로 사과하라.
46. 말에는 메아리의 효과가 있다 → 자신이 한 말이 자신에게 가장 큰 영향을 미친다.
47. 말이 씨가 된다 → 어떤 씨앗을 뿌리고 있는가를 먼저 생각하라.
48. 말하는 방법을 전문가에게 배워라 → 스스로는 잘하는지 못하는지 판단하지 못한다.
49. 적게 말하고 많이 들어라 → 그래야 넉넉한 사람이 된다.

중요한 말일수록 단순명료하게 #3

한글날 무렵이면 특집방송에 예쁜 우리말 이름들이 소개되는데, 현재 한국에서 가장 긴 이름은 '김텃골돌샘터' 씨의 딸 '김온누리빛모아사름한가하' 로 무려 12자이다.

그런데 우리 정부는 국민들이 긴 이름은 쓰는 것을 허락하지 않는다. 이름과 성을 합쳐서 6자 이내로 기재해야 한다는 규칙이 있다. 순우리말 이름으로 인해 이름이 점점 길어지자 이걸 막기 위해 만든 규정이다. 긴 이름은 주민등록이 안 된다.

그 이름을 줄여서 부르는 약칭이나 애칭을 쓰면 될 텐데, 법으로 금한다는 것은 이해가 되지 않는 대목이다. 설마 이런 비극을 막아주려는 배려는 아니었을 것이다.

귀하게 얻은 아들이 오래오래 살라고 아버지가 유명한 도사에게 찾아가 지어온 아들 이름이 아주 길었다. 하지만 매번 긴 이름을 꼭 불러야 한다는 조건으로 작명이 이뤄졌다. 그 귀한 아들 '김수한무 거북이와두루미 삼천갑자동방석 치치카포사리사리센타 워리워리 세브리깡 무두셀라구름이 허리케인에 담벼락 서생원에고양이 바둑이는 돌돌이' 도련님이 물에 빠졌다.

동네 사람들이 그의 사고를 말해주러 갔으나 긴 이름을 대다가 조금이라도 틀리면 다시 하고, 몇 번을 그러다가 시간이 많이 걸려 아들은 죽고 말았다.

유명 코미디이다. 어디까지나 코미디일 뿐 이름이 길어서 나쁜 점이 있다는 뜻은 아니다.

다만, '긴급함' 보다는 '중요함' 이 우선시되어야 한다. 물론 이 두 가지가 항상 일치한다면 좋겠지만 매번 그렇지 못하다. 중요한 것은 아이의 이름이 아니라 지금 목숨이 위태하다는 위급상황을 말하는 것인데, 엉뚱하게 긴 이름만 나열하고 있었던 것이다.

어떤 것이 가장 급박하게 느껴져 거기에 매달리다보면 정작 가장 중요한 목적을 잊게 되는 경우가 많다. '긴급함보다는 중요함' 이라는 원칙은 듣기에는 쉬워도 막상 실천으로 옮길 때는 반대로 되기 십상이다.

사람들은 평소에 '왜?' 라고 생각할 여지없이 그대로 말을 내뱉는다. 이는 늘 비슷비슷한 상황들 속에서 무슨 말을 해야 할지 익히 알고 있기 때문이다.

그러나 '왜?' 라는 의문을 자동적으로 생략하기 시작하면, 어느 날 갑자기 자신이 하는 말과 상대방이 듣고자 하는 말이 서로 다르다는 사실을 발견하게 된다. 결과를 놓고 보면 자신이 처음에 의도했던 바와 상당한 거리가 있다. 이때는 혀가 아니라 머리를 탓해야 한다. 머리가 목적을 확실히 해주지 않았기 때문이다.

이런 경우가 당신에게도 있을 수 있다.

한 출판사의 신참 편집직원이 원고를 검토하다가 제목과 달리 내용이 동떨어진 부분을 발견했다. 큰 실수를 발견했다고 생각한 편집장에게로 달려갔다.

"이 원고는 아무래도 제목과 내용이 일치하지 않는 것 같습니다."

"그럴 리가. 노련한 작가인데. 어디 한번 보세."

원고를 건네받아 읽어보는 편집장에게 신참이 말했다.

"이 장에서 말하려는 내용은 보시는 대로입니다. 그런데 제목을 엉뚱하게 붙여놓았어요. 그렇다고 내용을 수정하면 앞부분과 연결이 되지 않아 전체적인 흐름에 큰 영향을 미칠 것 같습니다."

"흠, 그러고 보니 정말 문제가 있군 그래."

"편집장님, 마감 날짜는 다가오는데 이런 문제가 생겨서 어떻게 하죠?"

그러자 편집장은 아무렇지도 않다는 듯 이렇게 말했다.

"그냥 제목을 수정하면 되잖아! 별것도 아닌 문제를 가지고 난리를 쳤군. 자네는 문제만 찾아냈지 어떻게 교정할 것인지는 전혀 생각하지 않았나보군. 우리 업무의 핵심은 책을 출판하는 것이지 오류를 찾는 게 아니야! 너무 심각하게 생각할 필요 없어요."

말하기에서도 마찬가지이다. 짧게 해도 되는 말을 두고 길게 해야 하는 말을 수정하며 일일이 줄일 필요가 없는 것이다. 짧은 것에 수정을 가하면 긴 것이 따라온다.

긴급함이 표면적인 것이라면 중요함은 이면에 숨어 있는 규칙에 가깝다. 일단 중요함을 짚어냈다면 긴급함은 부차적이거나 심지어 불필요한 문제가 되어버린다. 물론 중요하면서도 긴급할 일은 별도의 문제다. 최우선적으로 중요한 부분부터 파악해야만 간단명료하고 효율적으로 말할 수 있다.

'더 간단' 한 것이 '더 정확' 하다 #4

도대체 개개인이 일생 동안 하는 말은 몇 마디고, 듣는 말은 또 몇 마디일까? 누구에게라도 궁금한 사항이다. 그러나 어디 말의 수가 중요한 것일까? 당신이 하는 말로 소기의 목적이 달성되는 것이 얼마나 되는지 백분율을 볼 일이다.

그러나 궁금하다. 우리는 얼마나 많은 말을 하고 살까? 그 수를 헤아리느니 자기 머리카락이 몇 올이나 되는지 세어보는 것이 더 빠를지도 모른다. 우리는 정말이지 무수히 많은 말을 하며 살아간다. 그러나 셀 수 없을 만큼 많은 말들 중에서 정작 중요한 역할을 하는 말은 어쩌면 재채기 횟수보다 더 적을지도 모른다.

잘나가는 기업체 강사 B씨는 자신의 오늘이 동네가게 아저씨의 말 한마디로 있었다고 했다.

그가 어린 시절에 동네 골목길에서 축구놀이를 하다가 너무 세게 맞은 공이 어느 가게 창문을 보기 좋게 깨트려버렸다. 놀란 친구들은 혹시 자기 발에 맞은 공이 그랬나 싶어 모두 삼십육계를 놓아버렸다.

와장창! 큰 소리와 함께 깨진 유리창의 주인아저씨가 나오는데, 생긴 것도 무서웠고, 화가 잔뜩 나 있었다. 그는 순간적으로 선생님이나 아버지가 하셨던 말 “자기 잘못을 책임질 줄 알아야 한다.”를 떠올리며 그 아저씨 앞으로 갔다. 또 사실 자기가 깬 것이니 사과를 하고 벌을 받는 게 마땅했다.

“누가 찼느냐?”

“제가 찼습니다.”

“흐흠…… 공은 누구 것이냐?”

“용서해주세요. 친구 것인데, 찾아서 갖다 줘야 할 것 같아요.”

“그래? 네 부모더러 공 찾아가시라고 해라.”

B와 아버지는 아저씨 앞으로 가서 다시 사과를 할 참이었다. 그런데 그들은 화를 잔뜩 낼 것 같았던 아저씨에게서 의외의 말을 들었다.

“아드님을 참 잘 키우셨네요!”

“네에?”

“유리창을 누가 깬 게 문제가 아닙니다. 더구나 유리는 아드님이 깬 것이 아닙니다. 그런데도 달아나지 않고 책임을 지다니, 앞으로 크게 될 아이입니다. 집에 가시거든 더 칭찬해주세요.”

명강사 B씨가 한 말은 그저 “제가 찼습니다!”가 전부였다. 하지만 화를 낼 아저씨는 기분이 좋았던 것이고, 함께 온 그의 아버지마저 몹시 흡족해했다. 집에 와서도 아버지는 아주 기분 좋은 얼굴로 그의 머리를 쓰다듬으며 말했다.

“이대로만 해. 됐다!”

그는 그때의 한마디 말로 인해 인생이 빛나기 시작했다고 자주 이야기한다.

인생은 평범하기에 빛나는 것이고, 말이란 간결하기에 근사한 것이다. 우리 인생이 모든 순간마다 찬란하게 빛날 수는 없다. 마치 보석을 군데군데 박은 목걸이가 그 부분만 도드라지게 빛나는 것과 같다. 우리의 말도 그렇게 제한되어 있다. 그러므로 모든 순간 최선을 다해 할 말을 찾아야 한다.

생활은 하나의 큰 공장과도 같다. 원자재와 생산설비, 생산 공정 모두 우리 자신이 제어한다. 말하기도 그러한 생산 공정 중 하나로 봐야 한다. 하지만 물건을 만드는 과정에서 아무리 최선을 다하더라도 결과물의 좋고 나쁨까지 완벽하게 제어할 수는 없다. 중요한 것은 공장 분위기를 너무 무겁게 만들지 않는 것이다. 말하기를 포함해 생활 전체를 간결하고 가볍게 만들어야 한다. 간결한 생활이 가장 멋질 뿐 아니라 안전하기도 하다.

대학에서 강의를 하는 나는 스스로에게 다짐한다. '내가 알고 있는 것을 나열하는 것이 아닌 그 지식을 학생들에게 잘 전달해주어야 한다.' 라고. 교수는 학생보다 더 아니까 강의를 하는 것이고, 학생들은 교수보다 더 모르니까 강의를 듣는 것이다.

그렇다면 교수가 어떤 식으로 강의해야 할 것인가는 자명하다. 내 수준이 아닌 학생 수준으로 쉽게 해야 한다.

한 유명 대학에서 벌어졌던 일이다. 실력은 있지만 강의가 어렵다고 정평이 나 있는 한 교수의 강의에 첫 주에는 50여 명의 학생이 수강신청을 하고 들어왔다. 그런데 다음 주에는 수강신청을 변경하고 20여 명만 수업을 들었다. 그런데 그나마 수업이 끝나고 보니 강의실에 남아 있는 학생은 단 두 명밖에 되지 않았다.

교수는 쉬는 시간에 나가버린 학생들을 심하게 나무란 뒤, 두 학생에게 기특하다고 칭찬을 하려 했다. 이때 뜻밖에도 한 학생이 이렇게 말했다.

"교수님, 제가 남아 있었던 이유는 학생 전부를 대표해서 교수님께 건의할 것이 있어서입니다. 교수님 수업은 너무 복잡하고 난해해서 알아듣기가 힘듭니다. 그래서 이 수업을 듣지 않기로 했습니다."

위대한 문학가 루쉰(魯迅)의 말처럼 "뭘 배우겠다고 온 사람에게 어렵게 말하여 다른 사람의 시간을 허비케 하는 것은 재산과 생명을 빼앗는 짓"과 같다.

당신의 이야기가 듣기 싫다고 청중이 듣기를 거부한다면 그보다 더한 치욕이 있을까? 그것도 유식함을 돋보이게 하려고 애쓴 강의를 말이다.

Tip

- 사장에게 "난 당신만 할 때, 해내지 못했어요."라는 말을 들었다면, 우선 기뻐할 일이고, 당신은 남다른 책임감을 인정받아 파격적인 승진을 하게 된다고 믿어도 된다.
- 어머니의 짧은 말씀 "우리 아들 다 컸구나!"를 들었다면 상당한 효자라고 생각해도 된다.
- 금방 입대한 당신에게 "군대 생활 별것 아니다!"라고 해준 삼촌이 있다면, 당신은 어렵지 않게 군 생활을 끝낼 수 있다.
- 당신의 아내가 출산했을 때 간호사가 당신에게 "축하합니다. 공주님이네요." 했고 당신도 "아, 그래요!"라고 감탄 섞인 한마디를 던졌다면, 인생이라는 드라마에서 아주 근사한 대사를 한 것이다.
- "당신은 나와 결혼할 것이다!"라는 자신만만한 남자가 곁에 있다면, 당신은 그 남자와 결혼하게 되며, 당신은 정말 근사한 배우자를 만난 것이다.

#5 상식은 최고의 해결사

티베트 불교에는 독특한 명상수련법이 있다. 사람들의 잘못된 지각 능력을 서서히 개선하자는 것이 그 취지이다.

수련법의 구체적인 내용은 다음과 같다.

수련자가 밤에 혼자서 으스스한 지역에서 수련을 한다. 수련자는 근처를 배회하는 귀신들에게 자신의 살과 피를 시주하는 상상을 펼친다. 그럼으로써 마음속 깊은 곳의 공포를 자극하여 모든 환각과 오류에 정면으로 맞서는 것으로, 어려운 수련법이다.

이러한 과정을 거쳐 수련자는 모든 공포감이 시비를 가리지 못하는 자신의 밝지 못한 마음에서 비롯된다는 사실을 깨우치고 초탈의 경지에 오르게 된다.

한 수련자가 있었다. 어느 날 저녁, 수련자의 어머니가 토기 주전자에 치즈를 가득 담아서 그를 보러 왔는데 마침 그가 없었다. 어머니는 먹을 걸 의자 위에 놓고 돌아갔다.

수련자가 돌아왔을 때 집 안은 칠흑같이 캄캄했고 등잔불만이 벽을 희미하게 밝히고 있었다. 그런데 수련자의 눈에 벽에 비친 주전자 꼭지의 동그란 구멍이 마치 거대한 '마귀의 눈' 으로 보이기 시작했다.

그래서 그는 주전자를 때려댔고, 의자가 넘어지면서 치즈가 사방으로 튀었다. 벽에 묻은 치즈는 흔들리는 등불에 비쳐 더 많은 마귀의 눈처럼 보였다. 이 눈들이 집 안 곳곳에서 그를 노려보는 것만 같았다. 굴복하지 않고 계속해서 '마귀'를 때려잡을수록 눈은 더 많아져만 갔다.

한참 마귀를 때려잡느라 정신이 없던 수련자는 순간 정신을 차리고 자신의 손을 내려다봤다. 손에는 치즈가 가득 묻어 있었고, 고소한 냄새가 났다. 자신이 얼마나 어처구니없는 짓을 했는지 깨달은 수련자는 그만 피식 웃고 말았다. 때려잡을 마귀는 애초부터 없었던 것이다.

지나친 철학적 사고나 이론으로만 사물을 판단하면 이런 우스운 꼴을 당할 수도 있다. 그보다 먼저 자신의 멀쩡한 두 눈으로 상식적인 관찰을 해야만 한다.

간결하게 말하기도 일종의 수련이다. 우리의 사고력, 표현력, 자아 통제력을 단련하는 일이니까 말이다.

때때로 생각이 지나치게 깊어 허황된 가상이 오면, 아집이 생기고 저만의 복잡하고 독특한 화술이 생기고 만다. 우리가 복잡하게 말하기를 고수하는 것은 대부분 자기 의견만 고집하여 상식적으로 생각하려 하지 않기 때문이다. 그래서 인간은 자아를 찾는다면서도 문제 앞에서 오히려 자신을 잃어버리고 만다. 자신조차도 모르는 사람이 어떻게 말을 확실하게 할 수 있을까? 더욱이 간결하게 말하기는 꿈도 꿀 수 없다.

우리는 어느새 상식을 저버리고 제멋대로 생각하며 어려운 말만 골라 쓰는 습관에 젖어 있다. 상식만 회복하더라도 자신이 내뱉는 말들이 얼마나 가소롭고 텅 빈 것인지 쉽게 알 수 있다.

상식은 인간이 제대로 사고할 수 있도록 돕는 내비게이터다. 그 안내를 따라가노라면 마음 깊은 곳에서 샘솟는 곤혹스러움을 물리칠 수 있을 뿐 아니라, 복잡한 말의 내용도 금세 파악할 수 있어 누구보다 먼저 대화의 '키워드'를 찾아내는 사람이 된다.

중국의 문학가 량스추의 말에 대한 이상한 논리이다.

"모든 문명은 극소수의 천재가 창조한 것이다. 좋은 작품은 영원히 소수인의 전매특허이고, 대중은 영원히 아둔한 무리이며, 문학과 영원히 인연이 없다."

이 말에 루쉰은 정곡을 찌르는 한마디로 반박했다.

"아무도 알아볼 수 없는 작품이 이 세상의 걸작이란 말인가?"

루쉰은 지극히 상식적인 논리로 량스추의 막말을 반격했다. 문학이나 다른 예술도 사람들이 감상할 때에 비로소 존재가치가 있다. 사람들이 전혀 이해하지 못하는 학문이라면 과연 존재할 의미가 있을까?

상식은 끊임없는 논쟁을 잠재우는 예리한 무기이다. 그래서 번거로움을 피해갈 수 있는 이정표가 되기도 한다. 어떤 상황에서든 상식을 무시한 대화는 소모적인 논쟁으로만 흐를 뿐이다.

당신도 생각해보기 바란다. 아침에 태양이 가까이 있을까, 아니면 점심에 가까이 있을까?

이걸 주제로 두 아이가 말싸움을 벌이고 있었다. 선생님마저도 이 복잡한 대화에 말려들어 위엄을 잃고 말았다. 이는 자연과학의 간단한 상식을 고려하지 않았기 때문에 벌어진 논쟁이다. 태양이 비추는 각도가 다르기 때문에 아침과 저녁의 기온 차가 생긴다는 사실 말이다.

상식은 사람들이 편하게 소통하기 위한 기초 중의 기초이다. 상식이 있기에 동일한 언어 배경을 갖게 되고 쉽게 상대방을 이해할 수 있다. 예를 들어 신발이 좌우 두 짝으로 되어 있다는 사실은 대부분의 사람들이 공유하고 있는 상식이다. 그래서 보통 '신발 한 켤레'라고 하지 '왼쪽 신발, 오른쪽 신발'이라고 말하지 않는 것이다.

상식의 힘을 빌리면 간결한 말을 아주 멋지게 표현할 수도 있다. 통속적인 해학시 한 편을 함께 보자. 김병연(金笠)의 것이다.

辱說某書堂 (욕설모서당)

書堂乃早知 (서당내조지)

房中皆尊物 (방중개존물)

生徒諸未十 (생도제미십)

先生來不謁 (선생내불알)

서당을 일찍부터 알고 와보니/ 방 안에 모두 귀한 분일세

생도는 모두 열 명도 못 되고/ 선생은 와서 뵙지도 않네

추운 겨울날 김삿갓(김병연)이 서당에 찾아가 훈장에게 하룻밤 재워주기를 청하나 이를 야박하게 거절하자 인정 없는 훈장을 우회적으로 흉을 본 시이다.

이 오언절구의 이토록 멋진 언어유희가 또 있을까?

남 "이씨 집안의 나이가 좀 많은 여성은 상품 경제 이윤에 끌려 계란과 화폐의 최적의 교환을 한다."

여 "미적 감각의 주체인 내가 미적 감각의 객체인 식물의 생식기관에서 발생하는 화학 혼합물의 향을 섭취하고 생리적인 상쾌함을 느끼니 정신이 상승작용을 겪는다."

무슨 말인 것 같은가? 몰라야 당연하다. 상식적으로 풀어 쓰면 다음과 같은 얘기다.

남 "이씨 아주머니가 계란을 팔았다."

여 "꽃향기를 맡으니 기분이 좋다."

상식을 벗어난 말은 때로 이렇게 가증스럽기도 하다. 그런데도 이런 말에 말려드는 사람이 있다. 상식을 지키면 복잡한 말도 간결하게 할 수 있지만, 반대로 상식을 무시하면 본래 간결한 말도 알아들을 수 없는 이억 광년 머나먼 별의 언어가 되고 만다.

간결하게 말하려면 먼저 간결하다는 것이 무엇인지, 어떻게 해야 간결해질 수 있는지 알아야 한다. 이런 사전 정지작업을 제대로 해놓지 않으면 결코 간결하게 말할 수 없다.

Tip

'간단함'을 위한 간단한 원칙들

- 목적을 분명히 한다.
- 상식으로 이해되는 말을 도구로 활용한다.
- 명확한 시스템에 따라 움직인다.
- 각 단계가 여러 가지 동작을 초과하지 않도록 한다.

#6 단순함의 미학

소녀시대, 원더걸스 모두 이 땅의 삼촌들에게 엄청난 귀여움을 받는 걸그룹 소녀들이다. 이들에게는 예쁘고, 춤 잘 추고, 노래 잘하는 공통점 말고도 같은 것이 하나씩 있다.

먼저 소녀시대의 '지(Gee)' 라는 노래를 보자.

너무 너무 멋져/ 눈이 눈이 부셔/ 숨을 못 쉬겠어/ 떨리는 Girl~

이런 류의 가사가 중간에 나오긴 하지만 대부분 '지지 베베 오우 노 예~' 이런 가사와 단순한 리듬이 계속 이어질 뿐이다.

조선의 황진이가 '지지(知止)' 를 부른다면 이랬을 거라는 한학자가 있다.

接一物則止於所接 (접일물즉지어소접)

應一事則止於所應 (응일사즉지어소응)

無間以他也則心能一 (무간이타야즉능일)

及事過物去而便水斂 (급사과물거이편수렴)

湛然當如明鑑之空也 (담연당여명감지공야)

어떤 대상이 닿았거든 그 닿은 자리에서 더 나아가지 말고 멈추어라.
어떤 사태를 만났거든 그 만난 자리에서 더 나아가지 말고 멈추어라.
다른 무엇이 끼어들 사이가 없도록 해놓으면 마음은 한결같을 수 있다.
사태는 끝나고 대상은 지나간다. 지나고 나면 쉽게 마음을 모을 수 있다.

그때의 언어구조가 이랬다는 것이 아니고, 이 정도 감정에는 이만한 표현이 아니면 속마음을 아예 드러내지 않았던 것이다.

원더걸스도 마찬가지이다.

텔미 텔미 텔텔텔텔 텔미~
나를 사랑한다고 날 기다려왔다고~
텔미 텔미 텔텔텔텔 텔미~

멜로디도, 노랫말도 정말 단순하다. 반복적으로, 사랑한다고 말해달라는 게 내용의 전부이다. 복잡하게 머리 굴리는 건 딱 질색이어서일까? 하긴 천만 번 듣고 또 들어도 기분 좋은 말이 사랑이긴 하다.

포뮬러원대회에 출전한 경주용 자동차는 무척 빠르지만 외양이 그리 멋지지는 않다. 이 빠른 자동차들은 더 빨리 달리기 위해 장식을 다 없애버린다. 공기 저항을 줄이기 위해서다. 이렇듯 날렵한 경주용 자동차처럼 메시지는 단순해야 한다. 핵심적이면서 간단명료해야 한다. 수사(修辭)의 두꺼운 껍질을 벗겨낸 곳에 알토란처럼 드러나는 본질이어야 한다. 그래야 목표로 하는 대중의 가슴에 정확히 파고들 수 있다.

단순할수록 강력하다. 즉각 반응하고 즉각 싫증내며 무엇이든 짧고 단순해야만 직성이 풀리는 현대인들의 사고와 행동방식을 일컫는 '쿼터리즘' 이라는 말도 생겼다. 사람은 생리학적으로 한 가지 일에 집중할 수 있는 최대한의 시간 한계가 15분이라는 얘기다.

쿼터리즘의 지배를 받는 사람들을 겨냥한다면, 반드시 짧거나 단순해야 한다.

완벽함도 역시 단순함

해마다 권위 있는 컨설팅 기업에서 조사한 바에 의하면, 세계에서 가장 혁신적인 기업에 최근 몇 년간 애플이 1위를 차지해오고 있다.

애플의 핵심경쟁력은 '단순함(simple)' 이다. 애플은 새로운 기능이 쏟아져 나오는 유행을 무시하고 아주 단순해 보이는 아이팟, 아이폰, 아이패드를 선보여 선풍적인 인기를 끌고 있다.

군더더기 없는 단순함이 인지력을 높인다. 사람들의 관심을 오래 끌기는 어렵기 때문이다. 첫인상은 3초 만에 결정이 난다. 연설은 초기 5초에 승부가 나며, 아무리 진지한 설득이라 해도 3분 이내에 마무리해야 한다.

실제로 사람들은 인터넷의 기사도 제목이나 굵은 서체로 강조된 글귀만 클릭한다. 신문이나 잡지는 제목만 본다. 제목이 자극적이지 않으면 클릭을 하지도, 메일을 열지도 않는다.

글은 첫 문장, 음악은 첫 소절로 승부해야 한다.

엘리베이터를 타고 내려오는 3분 동안 설득할 수 있어야 하고, 상영시간이 3시간 넘는 할리우드 블록버스터 영화도 명함 뒷면에 써넣을 만큼 단순한 아이디어로 제작자를 설득할 수 있어야 한다. 단순해야 시선을 강하게 잡아끌기 때문이다.

완벽함이란 깎아내고 깎아내 더 이상 깎을 것이 없게 만든, 가장 작고 단순한 것이 아닐까?

보여줘야 믿는다

"한 인간에게는 작은 발걸음이지만 인류에게는 커다란 도약이다."

닐 암스트롱이 달에 첫발을 디딘 후 내뱉은 첫마디다.

발걸음, 도약이라는 단어가 눈앞에서 성큼성큼 뛰고 있는 모습을 적절하게 그려주었다.

2007년 10월에는 당시의 노무현 대통령도 걸어서 군사분계선을 넘어 북한에 들어갔다. 군사분계선은 남북 분단의 상징이다. "대통령으로서 이 금단의 선을 넘어간다."는 짧은 외침은 아주 인상 깊었다.

K통신사에서 출시해 빅히트를 기록했던 화상전화기의 이름은 아주 짧은 '쇼' 였다. 네이밍이 곧 이미지 언어여야 한다는 단서가 큰 걸림돌이었다. 결국 '쇼' 로 낙찰됐는데, '쇼' 는 듣거나 발음하는 것만으로도 클럽무희들의 현란한 쇼를 직접 보는 듯한 비주얼한 이미지를 주고 있다.

군더더기 없는 단순함이 인지력을 높인다.

사람들의 관심을 오래 끌기는 어렵기 때문이다.

첫인상은 3초 만에 결정이 난다.

연설은 초기 5초에 승부가 나며,

아무리 진지한 설득이라 해도 3분 이내에 마무리해야 한다.

chapter 03

성공하는 대화법

kiss하듯 말하라!

제 3 부

힘이 실리는 말, 힘이 빠지는 말

심리적 장애만 잘 극복하면 누구나 청중 앞에서 주인공이 될 수 있다. 너무 떨려서 도저히 안 되겠거든 발표 원고를 거의 외워버리는 것도 한 방법이다. 말하려고 하는 부분의 첫 글자만 나와도 발표 원고를 완벽하게 읊을 수 있을 정도로 말이다. 그러면 말을 하다 중간에 막혀서 우물쭈물하는 난처한 상황을 피할 수 있다.

청중을 존중하는 태도는 열렬한 호응을 이끌어내기 위한 핵심요소이다. 시간의 안배에 있어서는 발언을 짧고 간결하게 하는 것이 무엇보다 중요하다. 내용은 주제에 맞고 탄탄해야 하며, 언어는 생동감이 있어야 한다.

만약 당신의 발언이 길고 지루하며 정확하지 않다면 어떻게 될까? 당신은 앞에 서서 거창한 소리만 늘어놓고, 청중은 딴생각을 하거나 아예 졸고 있을지도 모른다.

공식적인 스피치 외에 우리 삶을 구성하는 일상적인 말들도 매우 중요한 의미를 갖는다. 언뜻 사소해 보이는 그런 발언들이 사실 우리의 잠재적인 미래를 결정하기도 하기 때문이다. 당신이 깨닫지 못하는 사이에도 이런 말들은 어딘가에 계속해서 쌓이고 있다. 그것들이 미래의 어느 날, 당신에게 뜻밖의 결과를 가져다줄 것이다. 그것은 때로 기쁨일 수도 있고, 놀라움일 수도 있다.

#1 1초 만에 사랑을 얻는 말

비즈니스언어, 외교언어, 연애언어가 따로 있다.

당연히 사업상의 대화는 다소 길더라도 명확하고 논리적이어야 한다. 외교언어는 메타포(은유)가 잔뜩 끼어 있는 고차원의 말이다. 사랑의 언어는 다르다.

연애어(戀愛語)는 이성보다는 감성에 호소를 해야 하고 비유에 능해야 하기에 외교어에 가깝다. 단문으로 감동을 일으키는 시인이 되어야 연애에 성공한다는 말은 틀린 것이 아니다. 복잡하고 장황한 프러포즈는 99% 실패이다.

연애의 당위성을 3차 세계대전 발발과 연계해서 말해봤자 큰 효과가 없다는 뜻인데, 그렇다고 단 한 마디도 못한다는 것은 치명적 문제가 있는 것이다. 그들은 '눈으로 말한다' 고 할지 모르지만, 마주 쳐다보지 못하는데 무슨 뜻이 전달되겠는가.

여자에게는 매력의 일부가 될 수도 있고 연애 아니라 사회적으로도 장해가 되지 않는 것이지만, 남자에게는 성적인 결핍성의 부족, 치료를 요하는 정신질환 등으로 분류되는 것이 있다. 수줍음이다.

현대의 분위기는 '천성적으로 적당히 부끄러움을 타는 것' 마저 더 이상 여자의 미덕으로 쳐주지 않는다. 하물며 남자가 수줍음을 탄다는 것은 이만저만한 결함이 아니다.

당신도 사랑의 아름다움을 알고 연애의 즐거움도 안다. 눈물을 흘릴 수도 있고, 물질을 바칠 수도 있고, 명예를 던져서라도 쟁취하고 싶어 한다. 사랑을 못하고 가는 세상은 아무 곳에도 다녀가지 않은 것처럼 의미가 없다는 것을 이미 깨달으며 살고 있다.

사랑이 오는 입구에는 초조와 행복이 동시에 온다. 사랑을 보는 순간 더없이 행복감을 느끼지만 어떻게 내 안으로 들어오게 할지 이내 노심초사에 빠진다. "이런 유전인자가 있나보다."라고 통곡의 항변을 해본들 알맞은 해명이 되지 않는다. 그들은(당신?) 단지 용기가 적고, 노력을 하지 않는다고 여겨지고 만다.

자칫 말 한마디 잘못 건넸다가 잘못되어 대규모 참화가 발생하리라는 걱정은 이제 더 이상 하지 말기 바란다. 서로 똑같은 세기로 긴장하는데, 다만 겉으로 아닌 척할 뿐이다.

'이미지트레이닝'을 잘하면 당신도 영화배우처럼 명대사를 읊조릴 수 있다. 사람은 적어도 자신에게는 공포를 느끼지 않는 법이다. 거울 앞에 서서 가상의 상대와 이야기를 나누는 것이다. 숙달된 연기자들도 감정이 실린 대사를 연습할 때 활용하는 방식이다.

나의 주체성을 향상시켜야 하는데 담력증진법이 있다. 명상이나 토론 등으로 훈련을 쌓아야 한다.

마지막으로, 무슨 말을 할지 모르겠다면 이제 눈으로 말할 수 있는 단계도 있다. 또 생각은 꼭 말로만 표현하는 것이 아니고 글도 있다.

톨스토이는 백묵으로 이니셜을 썼고, 베토벤은 피아노에 맞춰 노래를 불렀다. 찰리 채플린은 말없이 꽃다발만 건넸고, 주디 갈란드는 신문에 공개구애를 했으며, 원효대사도 노래를 퍼뜨리는 작전을 폈다. 음악가 드뷔시는 거칠게도 '자살을 하겠다' 고 협박을 했다. 스탕달마저 자신의 글이 아닌 다른 사람의 글을 옮겨 프러포즈를 했으며, 슈만은 직접 말하지 않고 자기 어머니를 시켰고, 슈베르트도 형을 통했다.

이 세상의 시와 노래는 모두 당신을 위해 써진 것이다. 아직 당신 고유의 구애어(求愛語)를 개발하지 못했다면, 기존에 발표된 무수한 자료를 활용키만 하면 된다. 다만 이러쿵저러쿵 서설을 길게 말하지 말고, 복잡한 사유를 대지 마라. 사랑을 하는데 무슨 이유가 있는가. 표현법에만 신경을 쓰라. 물론 진실해야 한다.

사랑에 관한 세기의 명언들

"마르코스는 밤에 잠을 자다가 일어나서 내 얼굴을 물끄러미 보면서 내가 보고 싶었다고 얘기하곤 했죠. 잠든 그 순간에도 나를 그리워했던 그 사람은 지금 얼마나 내가 보고 싶을까요?" – 이멜다 마르코스

"나에게 기적은 다시 일어서는 것이 아니라 사랑하는 아내와 하루하루를 함께하는 것입니다. 사랑하는 사람과 함께하는 삶은 날

마다 기쁨이고 기적입니다." – 크리스토퍼 리브

"진짜 사랑은 언젠가는 상대의 마음에 가서 닿는다는 사실을 깨달았습니다. 그 사랑이 조용한 것일수록, 닿았을 때 마음의 울림은 더 크다는 것도 말입니다." – 왕조현

"사랑은 온 우주가 단 한 사람으로 좁혀지는 기적이라고 생각해요. 내게 우주는 나의 남편, 대니 그 하나뿐이에요." – 줄리아 로버츠

"사랑은 내가 선택할 수 있는 것이 아닙니다. 그저 내게 다가오는 것입니다." – 캐서린 헵번

"아름다운 이별은 없습니다. 다만 아름답게 사랑한 후에는 좋은 추억이 남습니다. 소중한 추억을 남겨준 사랑에 감사합니다." – 샤론 스톤

"나는 다시 태어난다고 해도 영화를 할 것이고, 지금 내 곁의 여인을 만날 것이고, 그녀를 사랑할 것입니다." – 주윤발

"내 인생에서 단 한 가지 후회되는 일이 있습니다. 베로니크를 조금 더 빨리 알아보지 못했다는 겁니다. 알아보지 못한 만큼 사랑해주지 못해서 무척 미안합니다." – 그레고리 팩

"심한 고통과 분노의 시간이 있었지만 내 인생의 절반을 그와 함께했습니다. 어떤 일이 있어도 이어질 깊은 끈이 우리 사이에 존재합니다. 그것은 사랑입니다." – 힐러리 클린턴

"난 이제 쉰여섯 살의 중년 남자입니다. 그리고 이 나이에 와서야 사랑이 무엇인지 알았습니다. 그것은 믿음입니다." – 아놀드 슈왈제네거

"그녀는 부족한 나를 가득 채워주는 느낌입니다. 그녀와 함께 있으면 내 삶은 영화보다 더 아름답습니다." – 브래드 피트

"사람들은 나를 마릴린 먼로와 비교하곤 해요. 하지만 난 그녀와 비교되고 싶지 않아요. 그녀가 빨리 죽어서가 아니라, 사랑을 이루지 못하고 죽어서이기 때문이에요. 난 이 세상에서 사랑을 이루고 싶어요." – 다이애나

"처음 빅토리아를 보았을 때는 눈부시게 예뻤습니다. 지금 아이를 안고 있는 그녀는 성스러워 보입니다." – 데이비드 베컴

"내 아내는 나를 사랑하는 팬들까지 포용할 줄 알았던 지혜로운 여자였습니다." – 성룡

"인생은 쇼예요. 사랑은 이 쇼의 클라이맥스죠." – 마돈나

"사람들은 내가 아름답다고 칭찬하면서, 내 사랑 역시 환상적일 정도로 아름다울 거라고 얘기합니다. 그렇지만 난 너무 부족한 여자라서, 늘 사랑 때문에 아파하고 울곤 하지요. 그래도 죽을 때까지, 난 사랑을 하고 있을 거예요." – 브룩 쉴즈

"나는 나를 좋아해주는 사람들을 사랑합니다. 그들의 사랑 덕분에 살아왔고, 살아가게 될 테니까요. 나를 좋아해주는 사람들이 앞으로도 나를 기억해주기를 간절히 바랍니다." – 장국영

"난 평생 존 케네디를 잊을 수 없었어요. 그를 사랑해서가 한 가지 이유고, 그에게 더 잘해주지 못해서가 다른 한 가지 이유에요."
– 재클린 케네디 오나시스

"우린 너무 어렸고, 너무 성급했으며, 너무 사랑했어요. 그 사랑의 기억으로 난 평생을 행복할 수 있었어요." – 올리비아 핫세

"나는 사람들에게 부끄럽지 않은 인간으로 기억되기를 바랍니다. 그러나 내가 사랑했던 사람에게는 그저 아름다운 한 여자로 기억되고 싶습니다." – 그레이스 캘리

"우나 오닐을 좀 더 일찍 만났다면 사랑을 찾아 헤매는 일은 없었을 것입니다. 세상의 단 한 사람에게만 느낄 수 있는 것이 바로 사랑이죠." – 찰리 채플린

"로렌스 올리비에가 없는 긴 생을 사느니, 그와 함께하는 짧은 생을 택하겠어요." – 비비안 리

"요꼬와 내가 만나기 전에 우리는 반쪽짜리 인간이었습니다. 우리는 함께 있을 때 비로소 완전한 인간이 되었습니다." – 존 레논

"빨리 살고, 일찍 죽는다. 그래서 가장 아름다운 사랑을 남긴다." – 제임스 딘

"어릴 땐 지나가는 사람들이 모두 날 바라봐주었으면 했어요. 하지만 지금은 오직 한 사람만 날 바라봐주었으면 해요." – 마릴린 먼로

Tip

짧고도 예쁜 사랑의 말들

– 커피

커피에 설탕을 넣고 크림을 넣었는데 맛이 싱겁군요. 아! 그대 생각을 빠뜨렸군요.

– 선물

"사랑합니다!" 잠자리에 들기 전에 이 말을 곱게 포장했습니다.

꿈속에서 만나면 그대에게 주기 위해.

– 사랑이니까

무엇이든지 나누면 작아지는 게 이치지만

그대 그리움은 왜 자꾸 많아집니까? 아니, 왜 더 깊어집니까?

– 마음의 요술

사랑이란 눈 감아도 보이고, 눈을 떠도 보이는 마음이 부리는 요술

– 좋아하는 꽃

세상에서 내가 제일 좋아하는 꽃은
내 가슴에 활짝 핀 '그대'라는 꽃입니다, 지지 않고 늘 피어 있는.

– 호수

그대 보내고 난 뒤 아무 일 없었던 것처럼 덤덤하게 지내기가 힘들었습니다.
남들이 보기에는 잔잔한 호수처럼 보였어도

호수에 담긴 물이 내 그리움인 줄은 아무도 모르잖아요.

– 그대 눈물

그대 눈물 한 방울은 내 가슴에 한 바가지 눈물이 되고
그대 눈물 한 줄기는 내 가슴에 한가득 냇물이 되어 흐릅니다.

– 자전거 바퀴

앞으로 가면 가는 만큼 따라오고, 물러서면 물러선 만큼 뒷걸음질치고.
늘 나를 지켜주는 그대를 닮았군요.

– 옛길에서

낮에 왔다가 그대 걷던 발자국 소리를 듣고 싶어
밤에 다시 왔습니다.
바작바작 발자국을 딛고 내 가슴 속에서 나오는 그대!
추억 속에 있었나 봅니다.

– 라일락 향기

라일락 향기를 늘 맡을 수 있는 방법은 없을까요?
그대 곁에 라일락 한 그루 심어두고
그대 생각할 때마다 향기가 나게 하는 것

– 노을

나는 아직 내 가슴을 태우던 노을을 기억합니다.
그대 마음에서 옮겨 붙어 타들어가던.

– 그립다 보면
그대 생각 하다 보면 꽃대에도 얼굴이 있고,
나무줄기에도 얼굴이 있고,
그리워하다 보면, 신기하게도 모든 것이 얼굴로 보이나 봅니다.

– 슬픈 영화

세상에서 가장 슬픈 영화는 그대를 만나다 깨는 꿈

– 내 안에
항아리처럼 생긴 내 안에 산이 있고, 들이 있고, 바다가 있고
이들을 다 담고도 남는 그대 그리움이 있습니다.

– 생각할수록
책장의 많은 책도 읽지 않으면 소용이 없듯이
내 안의 그리움도 꺼내보지 않으면 소용이 없습니다.

– 마음의 홍수
비 오는 날에는 차 한 잔에도 홍수가 집니다, 보고 싶은 마음에.

– 남겨둔 마음
그대 곁을 떠나도 마음은 남겨 두겠다 했지요.
한 세월이 지나도 그대가 늘 그리운 걸 보면
그대 곁에 남겨둔 내 마음은 변함없나 봅니다.

– 거울을 보다가

얼마나 보고 싶었으면, 거울 속의 내가 그대였으면 했을까요?

– 듣고 싶은 말

오랫동안 내가 그대를 기다리는 이유는

한순간만이라도 그대 목소리를 듣고 싶어서입니다. "나도 사랑해."

– 오솔길

오솔길이 외로우면 나뭇잎이 달래고, 바람이 달래고, 새소리가 달래지만

내 외로움은 그대 생각만이 달랠 수 있습니다.

그대 때문에 외로워졌으니까.

#2 겉은 가볍지만 속은 무거운 말

상대는 편하게 말하고 당신도 쉽게 들었지만, 오래도록 기억에 남는 말이 있다. 가볍고 부드러워보였지만 기실은 힘이 실린 강한 메시지이다.

'신바람 건강법'으로 일약 유명인사가 된 황수관 박사를 예로 들 수 있다. 황수관 박사의 인기비결은 바로 쉽게 말하는 화법에 있다. 방송은 물론 신문, 잡지, 연재 글에서도 그는 누구나 이해하기 쉬운 예를 들어 건강법을 역설했다.

따지고 보면 말 잘하는 비결은 간단하다. 당신은 그동안 평범한 이야기를 극적으로 꾸미려 하지 않았는가. 황 박사는 극적임에도 보통의 이야기처럼 하향조정해, 본인은 그저 싱거웠을지 몰라도 듣는 이들을 짜릿하게 했다.

그의 이야기는 지극히 사람들의 일상 속에 있는 것들(예컨대 착한 사람, 소심한 사람, 가난한 사람)을 소재로, 보이지 않은 듯 한 마디 한 마디 핵심을 담아 청중의 마음을 움직였다.

어려운 한자어나 학술용어, 외래어가 바로 바뀌지지 않을 때, 생각한 바를 글로 정리하는 습관을 기르라고 권하고 싶다. 자신이 표현하고자 하는 바를 정리할 수 있다.

다만, 글을 쓰면서 이것을 영원히 아름다운 문장으로 남기려는 오류를 범하지는 말아야 한다. 멋지게 말해야 한다는 강박관념을 버리고, 쉽게 써서 간단히 말하는 것이 곧 감동을 줄 수 있다고 생각해야 한다.

서양 속담에 "간결은 말의 재치이고 예의이다."라는 말이 있다.

말이란 그 사람의 인격을 밖으로 표현하는 가장 직접적인 행위인데, 말을 간결하게 함으로써 상대에게 충분히 당신 자신의 본모습을 보여줄 수 있는 것이다.

당신도 그랬을지 모른다. 사람들은 가끔 갑작스러운 일을 당하면 자기도 모르게 입에서 욕설이 튀어나오는 것을 알고 아차 한다. 아주 예의바른 신사나 숙녀들이 말이다. 그것이 아주 순간적이고 짧은 언사라 할지라도 들을 사람은 다 듣고 오히려 혹독한 평가를 내린다.

입 밖에 나오면 그건 좋든 나쁘든 위력을 가하기 시작한다. 준비하지 않았는데 무의식적으로 튀어나온 몰상식한 말은 당신의 인격을 일순간에 초토화시킨다. 뒤늦게 허겁지겁 예의와 겸손으로 치장을 하더라도 그 본모습을 속일 수는 없다.

2010년 5월에 있었던 일이다. 모 기자가 청와대 행정관 ㅈ씨에게 전화를 걸었는데, 청와대 대변인이 직접 사과를 해야 할 만큼의 막말소동이 났다.

행정관 "아니, 국민 이름 쓰지 말라고. 〈XXX신문〉에 무슨 국민이 있어?"

기자 "청와대 출입기자가 청와대 행정관에게 묻는 건데, 질문하는 것 자체를 문제 삼으시잖아요?"

행정관 "질문 자체의 요건이 성립되지 않는다고 생각해요."

기자 "기사거리가 안 된다고 생각하면 전화를 하겠어요?"

행정관 "청와대 행정관 ㅈ가 이런 식으로 말했다고 기사 써봐! 만날 그런 식으로 기사 쓰잖아? 그게 무슨 기사야? 자식이 정말 형편없이 말이야. 청와대 행정관이 '자식' 이라고 얘기했다고 기사 쓰란 말이야. 인마!"

길게 차근차근 설명하는 것이 힘이 실리지 않는다 생각하여 짧게 마무리하려던 것이 욕설을 하고 말았으니, 말에 무게를 실어도 한참 잘못 실었다.

운전을 할 때나 반대로 보행 중 운전하는 차량에게 하는 말로 우리는 간단히 그 사람의 성격을 알 수 있게 된다.

누군가 갑작스럽게 끼어들거나 아주 위험한 순간을 겪었을 때 나타나는 그 사람의 반응을 살펴보면 어김없이 깊은 속의 인간성이 여지없이 드러난다.

절대 그렇지 않으리라 생각되던 사람의 입에서 상스러운 막말이 나온다면 큰 실망을 하게 된다. 나중에는 그 사람의 친절한 웃음조차 가식으로 느껴지고, 이전의 선한 행동도 진심이 아니지 않았을까 싫어진다.

사람이란 본능적으로 자신에게 관대하다보니 자신은 품격이 높고, 예의 바르고, 이해심이 많으며, 유머가 넘치고, 참을성이 많다고 생각하는데, 사실 그만한 교양과 매너를 갖추고 있는 사람은 얼마 되지 않는다.

당신은 유쾌한 농담을 하고 있다고 생각하지만 자칫 상대를 배려하지 않는 무례한 말을 하고 있는지 살필 일이다.

당신은 그를 진정으로 도우려 격려를 하고 있다고 생각하지만, 어쩌면 상대의 자존심을 박박 긁고 있는지도 모른다.

당신의 말에 아무런 대꾸가 없다 해서 꼭 상대가 동의한 것은 아니다. 당신은 학식을 동원해 멋지게 말한 양 싶지만 듣는 상대는 이미 다 알고 있거나 오히려 자기를 얕본 것 아닌가 싶어 불쾌하게 여길 수도 있다.

말에 향기를 불어넣는 가장 좋은 방법은 1차적으로 문화적인 교양을 쌓고, 그 다음에는 스피치 요령을 파악하는 것이다. 교양이란 말투에 지성을 스며들게 한다.

간단한 말 한마디라도 의기소침한 사람에게 재기의 묵직한 의욕을 불어넣어 주고, 믿음을 준다.

Tip

「말」

의사는 세상을 건강하게 하겠다고 말했다.
시인은 세상을 아름답게 하겠다고 말했다.
광부는 세상을 따뜻하게 하겠다고 말했다.

법관은 세상을 반듯하게 하겠다고 말했다.
군인은 세상을 안전하게 하겠다고 말했다.
기자는 세상을 정의롭게 하겠다고 말했다.

교사는 세상을 지혜롭게 하겠다고 말했다.
재벌은 세상을 풍요롭게 하겠다고 말했다.
가수는 세상을 감미롭게 하겠다고 말했다.
경찰은 세상을 깨끗하게 하겠다고 말했다.
작가는 세상을 재미있게 하겠다고 말했다.
스님은 세상을 자비롭게 하겠다고 말했다.
목사는 세상을 평화롭게 하겠다고 말했다.

어디 세상을 조용하게 하겠다며 입을 다무는 사람은 없을까?

「존경하는」

존경하는 김 의원님, 제가 드린 잔은 안 드십니까?
존경하는 박 의원님, 맥주에 뭘 탔는지 몰라서 못 마십니다.
존경하는 김 의원님, 우리가 폭탄주 처음 마십니까?
존경하는 박 의원님, 나는 당신이 만든 폭탄주는 못 믿습니다.
존경하는 김 의원님, 폭탄주에 폭탄 안 탔습니다.
존경하는 박 의원님, 침이라도 뱉었는지 누가 압니까?
존경하는 김 의원님, 같은 상임위를 못 믿으면 누구를 믿습니까?
존경하는 박 의원님, 나는 내 보좌관도 안 믿습니다.

존경하는 김 의원님, 나도 당신의 학력 경력 못 믿습니다.

존경하는 박 의원님, 어디서 무슨 소리를 들은 겁니까?

존경하는 김 의원님, 국민들에게 알려질까 두렵습니까?

존경하는 박 의원님, 아까 주신 잔이 이 잔 맞죠?

아마 두 사람은 서로 존경하지 않는 것 같다.

– by 카피라이터 '정철'

#3 해서는 안 될 말 '마지막'

당신은 지금 속이 다 시원하다. 당신이 통쾌하게 내뱉은 그 말에 그가 쩔쩔맸으니 얼마나 후련한가. 내가 한 말이었지만 돌아서서 의미를 곱씹어볼수록 상대의 빈틈을 노려 잘 찍었다는 생각이다. 마치 오랜 가뭄 끝에 한차례 소나기가 쏟아지고 나서 맑은 공기 속에 무지개를 보는 기분이다.

그런데 당신은 어디서 무슨 말을 하고 온 것인가?

상대는 당신의 "이게 마지막이야!"라는 말에 쩔쩔매고 당황한 것은 사실이지만 불쑥 튀어나온 당신의 말에 놀란 것이고, 당신의 어조가 너무 강했기 때문에 꼼짝을 못했을 뿐이다. 사실 당신은 해서는 안 될 말을 하고 온 것이다.

연애의 절교이건, 거래의 중단이건, 유대의 끝장이건 결코 해서는 바람직하지 않은 말을 골랐다.

더 이상 그쪽과 나 사이의 관계가 이어지지 않는다 해도 당신의 태도는 널리 전해지고 말 것이다. 오히려 그쪽에서 내심 기다린 말을 성급한 당신이 먼저 했을 수도 있다.

우주가 영원불변할진대 이 세상에 '영원히'는 있어도 '마지막'은 결코 없다. 심지어 죽은 사람들끼리 저승에서 만나 싸울 수도 있고, 이승의 대리인을 내세워 계속 다툴 것이다.

당신은 분명히 말을 짧고, 강하고, 쉽게 했다. 그러나 그에 앞서 어떤 말을 했는지는 중요하게 여기지 않았던 것이다. 그야말로 나오는 대로 말을 했던 것이다. 혹시 생길지 모를 달라지는 상황에 대비할 명분을 잃어버린 것이다.

재협상은 물 건너가고 말았다. 그가 내게 용서를 할 기회도 박탈하고 말았다. 당신의 그 마지막 말 한마디에 상대는 영원히 나쁜 사람이 되고 만다. 결국 그도 손해이고 당신도 손해이다.

노련한 정치외교관들이나 무역협상가들이 늘 다음 미팅을 남겨두는 이유가 있다. 더구나 당신이 던진 '마지막' 이라는 이 단검(短劍)은 너무나 예리해 바로 돌이킬 수 없는 상처를 주고 말았다.

리더의 자리는 그만큼 책임도 크다. 당신의 말에 많은 것들이 영향을 받는다. 어찌 함부로 말할 수 있겠는가. 말하기는 리더나 관리자들에게는 상당히 중요한 덕목이다. 그들의 일거수일투족이나 한마디 한마디는 많은 사람들의 주목을 받기 마련이다. 쉽게 단정 지어 끝내는 말이어서는 안 된다.

친구에게든 누구에게든 마지막 말은 하지 마라.

사람이란 나중 일을 알 수 없는 법이라서 그게 진짜로 마지막이 될 수도 있다.

"다시는 상대하지 않을 거야!"

이 말은 언제가 될지 모를 정말 마지막에만 해야 한다. 자칫 한번 뱉은 말을 번복하거나 완전히 어기게 되면 거짓말이 되고 실없는 사람으로 낙인찍힌다. 정치인이나 연예인들의 은퇴연설은 전략적인 것일 수도 있다. 나중에 그 비난을 감수할 자신이 있으니까 당장은 종료를 선언하여 그에 따른 효과를 보려 한다.

"끝이다!" 보다는 "언젠가는 다시 만날 수도 있겠다. 그때는 잘해 보자."라고 하라.

"그건 아니야, 네가 틀렸어!" 보다는 "그 말도 맞을 수 있겠다. 한번 더 생각해보자."라는 여지를 남기라는 것이다.

당신이 극단적인 말을 너무 많이 할 경우 사람들은 이를 이용해 갖가지 그럴듯한 의미를 가져다 붙여 불필요한 일을 벌이려 할 것이다. 그중에는 허점을 파고들어 당신을 짓밟아버리려는 무서운 모략도 숨어 있다.

그렇다고 끝이라는 걸 제대로 보여줘야 하는데, 유야무야하며 해야 할 말을 아예 하지 않아서도 곤란하다. 그런 리더의 밑에는 대번에 제대로 일하지 않고 그럭저럭 버티려는 무능한 무리들이 들끓는다.

나라는 개인이건 어떤 조직이건 잘 관리하려면 '언변' 이라는 무기를 이용해 해악요소를 다스려야 한다. 매번 질책하는 말을 꺼내기는 결코 쉽지 않다.

당신이 비록 지위가 높다고 해서 함부로 말할 수는 없는 일이다. 오히려 말을 꺼내기 전에 취사선택에 신경을 할애해야 한다. 내 말을 어떻게 이해할까? 어떤 사람에게 말하고, 하지 않아야 할 대상은 누구일까? 어떻게 말을 꺼낼까? 일부러 고상한 척 말을 할까, 아니면 가볍게 하고 말까? 단칼에 자를까, 아니면 일벌백계의 효과를 노릴 것인가? 이 모든 것이 숱한 고심 끝에 결정되어야 한다.

'마지막' 이라는 말은 끝이기에 허무하고, 냉정하기에 인간미가 없다. 혀끝에 지뢰가 묻혀 있다고 상상해보라. 이 지뢰는 당신이 묻은 것일 수도 있고 다른 사람이 묻은 것일 수도 있다. 잘못 놀렸다가는 당신 자신이 죽는 것은 물론, 자칫 다른 사람까지 다치게 할 수도 있다.

어떻게 말을 해야 이 지뢰가 폭발하지 않을 수 있을까? 답은 명확하다. '정확' 하고 '간결' 한 말을 '완벽' 하게 하는 것이다.

다만 '마지막' 이라는 표현은 정확하지도 간결하지도 않는 말이다. 그저 위험한 말이다.

#4 빼기의 철학

갖가지 반찬이 들어간 것이 구절판이요, 탕평채이다. 비빔밥과 중국음식 양장피도 여러 가지를 섞은 음식이다. 거기에다 재료를 더 넣으면 맛이 상승할까? 아니다. 오히려 빼야 더 맛이 날 수 있는 것이 들어 있기도 한다.

더해도 모자랄 판에 빼기로 승부하는 업체가 있다. 일본의 유명한 여관이자 식당인 '헤이하치차야(平八茶屋)' 이다.

헤이하치차야는 1576년에 생겼으니 역사도 무척이나 길다. 우리나라로 치면 조선시대의 식당이 아직 그대로 있는 것이다.

교토의 북쪽 경치 좋은 곳에 자리 잡은 이 식당은 사계절 내내 꽃이 피는 정원에 테이블이 있어 거기에서 식사를 한다. 이 집은 보리밥 정식 말고도 새우요리 정식이 있는데, 1인분에 우리 돈으로 무려 16만 원 정도나 한다. 그런데도 손님은 끊이지 않는다.

헤이하치차야의 차림상의 특징은 한마디로 '마이너의 미학' 이다. 코스요리가 나오는데, 큰 그릇 위에 달랑 생선회 세 점에 반찬도 손톱만큼 준다. 감질이 나기 쉽다.

사실 그릇에 철철 넘치게 음식을 담아 주면 음식이 귀해 보이지 않다. 그런데도 우리 한국 사람들은 에피타이저(스끼다시)를 너무 먹다가 정작 맛있는 메인요리는 배가 불러서 다 못 먹는 경우도 생긴다.

'맛과 향의 적당한 여백' 은 음식에나 미술품에만 있는 것이 아니다. 서론을 잔뜩 늘어놓다가 듣는 사람이 지루해하는 것을 알고 본론으로 넘어가지만, 막상 하고 싶은 말은 미흡하게 끝낼 수밖에 없다.

일본말에 '기레이' 라는 말이 있다. 우리는 '멋지다, 아름답다' 라는 뜻으로 알고 있지만, 본래의 의미는 '깨끗하다, 텅 비어 있다.' 이다. 일본사람들은 텅 빈 정원, 잘 정리된 서가를 보았을 때, 깔끔한 연설을 들었을 때 '기레이' 라 외친다.

시장통의 악다구니보다 조용한 절간에서 듣는 짧은 법어는, 많이 비어 있지만 한결 상큼하고 깊은 사색을 하게 만든다.

자동차 접촉사고로 고함을 지르며 자기주장만 펴는 사람들과 도서관에서 나직이 대화를 나누는 사람들을 비교해보라. 어느 쪽이 더 고상하고 품위가 있는지.

#5 천 냥 빚 갚는 말 한 마디

좋은 말의 위력 즉, 말로 얻는 반대급부를 강조하는 대한민국 최고 속담 "말 한 마디에 천 냥 빚을 갚는다."가 있다.

그러나 천 냥 상당의 가치가 있는 말을 못했을 때는 그저 본전일까? 당신이 설마 그런 무서운 착각을 하고 계시지는 않으리라 믿는다. '말 한 마디에 만 냥을 잃을 수도 있다' 는 것이다. 말의 해악도 대단하다.

당신의 말이 원하는 소임을 다하면 다행이지만, 잘못 뱉은 말은 다시 주워 담을 수 없는 특성 탓에 난관에 봉착하게도 된다. 분명히 좋은 말이 있고, 나쁜 말도 있으니까.

사회생활을 하다보면 의도했건 그러지 않았건, 듣는 사람의 상태에 따라서 전혀 다르게 받아들여질 수도 있다. 화자(話者)와 청자(聽者)의 사이를 잇는 행위는 그 어떤 행위도 일방통행이 되지 않는다. 말은 더더욱 그렇다.

언중유골(言中有骨) 정도가 아니라 비수를 품은 말도 튀어나온다. 문제는 듣는 사람이 그렇게 느끼는 것도 있지만, 하는 사람이 스스로를 해치고 마는 경우가 있다는 것이다.

어느 무기는 대략 어떤 파괴력을 지녔는지 계량화할 수도 있지만, 말이 입히는 상처는 예상할 수 없을 만큼 가공할 위력을 갖고 있는 것이다.

정확한 말투는 오해소지가 그만큼 적다. 아름다운 말씨는 내용에 관계없이 관용을 불러오기도 한다.

어떻게 말하느냐에 따라 그 대화의 주인공이 우아하게 보이기도 하고, 속되게 보이기도 하고, 배려심이 큰 사람인지, 독선만 가득한지 알게 되고, 그 사람의 인격이나 자라온 환경까지 꿰뚫어 알 수 있다.

각론으로 들어가 보자면, 똑똑하고 고운 말씨란 덮어놓고 경어를 쓰거나 형식적으로 논리만 있다는 것은 아니다. 마음속에서 우러나오는 진실하고 성실한 말만이 사람을 감동시킨다. '무엇을 말할까' 보다 '어떻게 말할까' 가 그만큼 중요한 이유이다.

출마를 한 사람, 책을 낸 사람, 인사 대상에 오른 사람, 우승자, 패배자, 새로 취임한 사람, 면접을 치르는 사람, 죽은 사람 등은 세상의 평가를 받는다. 세상은 당신을 포함한 조직이다. 아니, 당신이 주도적으로 관여하는 단체가 세상이다.

말하기 쉽다고 제 아무리 간단한 말이라도 내 입맛에 맞게 하거나, 확실치 않은 정보를 확인된 것인 양 말하거나, 애초에 흠집을 낼 요량으로 왜곡해서 말하는 경우에 상대는 심한 해를 입는다.

당신은 그렇지 않겠지만 너그러움이나 겸손이라는 단어를 아직 들어보지도 못한 듯한 사람이 있기 마련이다. 꼭 저렇게 말해야 하는 것인지, 또 꼭 저렇게 듣고 답을 해야 하는 것인지 씁쓸할 때가 많지 않던가.

"내가 가서 그 사람 어머니가 살아난다면 가겠어!"

유족 아닌 제3자로부터 문상 권유를 받고 싫다는 뜻을 이렇게 말하는 사람을 봤다. 물론 당신은 아니고 당신의 주위 사람도 아니다. 혀라는 것이 버블제트를 일으켜 상대를 두 동강이 낸다는 것을 알 만한 사람이 그런 말을 하는 세상이다. 꼭 그만의 책임은 아닐 것이다. 이 사회가 자신이 가지고 있는 생각이나 느낌들을 표현하는 것에 너무 미숙한 것이다.

"나는 본래 그래!"라는 거절도 이미 상대에게 허탈감을 주고도 모자라 조롱하는 의미까지 지니고 있는 말이다.

아무리 간단한 말이라도 하기에 앞서 생각을 거듭하고, 그런 뒤에도 자세히 확인절차를 거친 뒤, 상대의 대답이 긍정으로 나올 때와 부정으로 나올 때의 대비도 다 해야 한다.

그러니 먼저 상대의 이야기를 들음으로써 자신의 말을 준비해야 한다. 적절한 때에 자신의 말을 여유롭게 진입시킬 수 있는 기회를 만드는 것이다.

당신은 깊게 생각하지 않아서 당신이 이미 알고 있는 사랑과 관용, 용서가 가득 담긴 좋은 말을 놓치고 엉뚱한 말을 하게 되는 경험을 가졌을 것이다.

모든 이의 귀맛에 맞는 말을 할 완전한 사람은 없다. 예수나 석가, 공자도 예외가 아니다. 그들은 많은 말을 한 것 같지만, 자신의 부족함을 인정하면서 실언을 줄이려고 노력을 한 사람들일 뿐이라면 지나친 규정일까?

도대체 어떤 말이 입에 든 것까지 내어주고 싶게 하는 말일까 궁금할 것이다. 생각이나 지식을 잘 표현하고, 아픔을 나누는 말, 희망과 격려를 주는 말, 상처를 치유하는 말, 에너지를 주는 말, 깨달음을 주는 말들은 이미 세상에 나와 있고, 그 대부분을 당신은 잘 알고 있다. 조합의 묘만 궁리해서 쓰면 된다.

"칠순이 넘으셨다고요? 경로우대증 확인해야 믿겠어요. 아버님이 아닌 형님인 줄 알았습니다."

"아이가 둘이나 딸리셨다고요? 큰애가 중학생이라고요? 밖에 나가면 아가씨라고 해도 속겠어요."

"어쩜 이렇게 고우세요. 얼굴이 정말 순백이세요. 잡티도 하나도 없구요. 손가락을 대면 통통 튈 것처럼 탄력이 느껴지는걸요."

"얼굴이 꼭 시디만 한데요."

"화장 한번 기가 막히게 먹으셨어요. 생얼인 줄 알았잖아요."

"이게 생얼이시라구요? 저는 화장한 줄 알고 깜빡 속았답니다."

"SBS 진실게임 동안선발대회에 나오신 분, 맞죠?"

외모에 관련되는 말들만 해봤지만 다른 것도 마찬가지이다. 간단히 던지듯 하는 말이지만, 이런 말에 감동받지 않을 사람 없다. 다른 부분도 마찬가지로 추려서 말하면 되는 것인데, 당신이 하지 않을 뿐이다.

사람은 태어난 날부터 죽는 날까지 계속 말을 하는데, 언어학자의 어림짐작이긴 하지만 한 사람이 평생 5백만 마디의 말을 한다는 것이다.

원석도 갈고 다듬으면 보석이 되듯, 말도 갈고 닦고 다듬으면 보석처럼 빛나는 예술이 된다. 5백만 개의 보석을 세상에 던져주고 간다고 생각해보라. 당신은 얼마나 부자이고 위대한가!

Tip

돈이 되는 말하기 요령 열 가지

하나, 명확한 용건을 먼저 밝힌다.

둘, 알맞은 속도와 정확한 발음으로 말한다.

셋, 부드러운 말씨와 자연스런 자세로 말한다.

넷, 상대방의 이야기는 진지하게 듣고 관심을 표시한다.

다섯, 대화 시 상대방의 말을 가로채거나 강요해서는 안 된다.

여섯, 상대의 단점과 내 장점을 말하지 않는다.

일곱, 상사와 대화할 때는 공경하는 마음과 겸손한 태도를 갖는다.

여덟, 동료 간일지라도 서로 존경하는 마음으로 반말을 삼간다.

아홉, 대인관계에서는 경어를 사용하고 권위적 언행을 하지 않는다.

열, 쉬운 말로 조리 있고, 품위 있게 말하되 가급적 표준말을 쓴다.

#6 오드리 헵번, 버락 오바마, 등소평의 말

먼저 '오컴의 면도날 이론'을 알아야 한다.

14세기 잉글랜드 프란체스코 수도회 수사였던 윌리엄이 제시한 원리인데, 그가 오컴지방에서 태어난 것 때문에 그의 대화이론이 '오컴의 면도날'이라 이름 붙여진 것이다.

두 가지 이상의 명제가 대립할 때, 그중 하나를 택하지 않으면 안 될 때, 난감함은 이루 말할 수 없다. 윌리엄은 가장 단순하고 간단한 것을 따라야 한다고 주장했다.

당신이 서로 조금씩 다른 비슷한 원리들을 알고 있고 그것들 모두가 특정 현상을 설명하고 있다면, '더 간단한' 설명이 '더 정확'하다고 여겨야 한다.

훌륭한 상식은 '간단하고 확실하며 요점이 드러나' 있다.

단, '단순함'에 대해 오해해서는 안 된다. 여러 관련요소를 마구잡이로 잘라내 버릴 게 아니라, 모든 복잡함을 관통해서 진정한 의미의 단순화를 이끌어야 하는 것이다.

당신도 아직 감이 오지 않는 사람 중의 한 사람인가!

'오컴의 면도날'을 말하기에 적용해보자.

대화에 관한 원칙들에는 여러 가지가 있을 수 있다. 3분의 1만 말하기, 상대에 따라 대화를 조정하기, 남김없이 말하기 등등. 그런데 이 중에서 '3분의 1만 말하기' 와 '남김없이 말하기' 는 둘이 서로 모순되는 경우에 속한다. 어느 정도 여지를 남기라는 것인지, 담고 있던 말 모두를 쏟으라는 것이지 혼돈이 올 것이다.

윌리엄의 이론은 '남김없이 말하라' 고 했다. 왜냐하면 그것이 더 '간단한' 원칙이기 때문이다. '일부만 말하려면' 너무 많은 조건과 가설이 필요해진다. '어느 정도 해야 적당할까?' '쓸데없는 말로 3분의 1을 채워도 괜찮은 걸까?' 적게 말을 하려는데도 더 어려워져서 갈팡질팡하고 만다.

이에 비하면 '남김없이 말하기' 라는 원칙은 확실히 따를 만한 기준이 있어 간단하다. 자기 마음속의 생각을 상대방이 알아듣도록 확실히 이야기한다. 서로가 대화로 특정한 문제에 대해 공감을 형성했다면 이 또한 '남김없이 말한 것' 이다.

이렇게 분석하고 보니 손쉽게 하나의 결론을 얻을 수 있다. 대화를 할 때는 하고 싶은 말을 다 할 것! 그것이 오히려 말을 가지런히 정리해서 결국 더 짧은 시간에 끝내게 한다. 우선 나 자신에 대해 스스로 만족해지니 후련하기까지 할 것이다.

오드리 헵번

"어린이 한 명을 구하는 것은 축복입니다. 어린이 백만 명을 구하는 것은 신이 주신 기회입니다."

할리우드 대스타 오드리 헵번의 이 말은 전 세계 신문의 헤드라인이 되었고, 세계적인 기부문화를 일으킨 시너지효과를 불러왔다.

그러나 어디 말뿐이었겠는가. 그런 말은 사실 당신도 할 수 있다. 헵번은 유니세프 친선대사가 된 후 굶주린 어린이들이 있는 곳이라면 소말리아든 어디든 마다 않고 달려갔다. 배우로 살았던 때보다 더 많은 정열을 짧은 시간 동안 세계구호운동에 전념했다.

1992년, 오드리 헵번은 소말리아에 있었다. 소말리아는 그녀가 방문했던 그 어떤 지역보다 더 비참하고 참혹한 현장이었다. 대부분의 어린이가 죽어가고 있었으며, 죽은 어린이들은 쇼핑백만한 자루에 담겨 묻혔다. 오드리 헵번은 이전의 그 어느 때보다 충격을 받았으며 마음 깊이 함께 고통을 느꼈다. 그는 이전의 스타의식을 다 버리고 굶주린 어린이들에게 더 많은 구호의 손길이 가도록 전 세계에 호소했다.

그녀는 두 아이를 둔 어머니로서, 죽어가는 어린이들을 바라보며 눈물짓는 인간 오드리 헵번으로서 어린이들을 대하고 사랑하고 안타까워했다. 그녀는 기꺼이 어린아이들을 보듬어 안았으며 아픈 아이의 눈썹 위로 기어가는 파리를 내쫓았다. 전쟁 지역과 전염병 지역도 위험을 무릅쓰고 방문했으며, 아이들 속에서 누구보다 밝고 환하게 웃었다.

그녀가 보여준 헌신과 노력은 세계인들의 심금을 울렸다. 단지 왕년의 스타로 그녀를 알고 있던 사람들은 진심 어린 구호활동에 감동했고, 새로운 기부활동이 시작되었다. 그것은 작지만 큰 울림이 되었다. 그녀 이후 많은 명사들이 진심이든 혹은 가식이라고 하더라도, 자신들의 명성과 부에 대한 사회적 책임을 느끼고 기부와 자선활동에 뛰어들었다.

젊은 시절 은막의 스타로 전 세계인의 사랑을 받았던 오드리 헵번은 그 사랑을 제대로 되돌려줄 줄 아는 진짜 스타였다.

헵번은 극중의 대사는 잘했지만 별로 말주변이 없어서 배우시절에도 인터뷰를 잘 하지 않았던 사람이다. 그러나 구호의 메시지를 알리기 위해 그녀는 입을 열었다. 오드리 헵번의 노력으로 전 세계인들은 구호활동에 대해 새로 관심을 가지게 되었다.

명사들뿐만이 아니었다. 특별한 사람만이 할 수 있는 일이라고 생각했던 구호운동에 평범한 시민들도 작은 힘을 보탤 수 있다는 인식이 확산되었다.

그녀는 짧지만 강한 어조로 말했다.

"한 손은 당신 자신을 돕는 것이고, 다른 한 손은 다른 사람들을 돕기 위한 것입니다!"

암으로 몸이 망가진 오드리 헵번은 나중에 병원치료가 무의미해진 것을 알고 스위스의 집으로 돌아와 가족들과 함께 생의 마지막을 고요하게 보냈다. 그녀가 죽기 직전 맞은 크리스마스, 자식들에게 자신이 좋아하는 시를 유언처럼 읽어주었다.

"기억하라! 만약 네가 도움을 주는 손이 필요하다면 너의 팔 끝에 있는 손을 이용하면 된다는 것을. 네가 더 나이가 들면 두 번째 손이 있다는 사실을 발견하게 될 것이다. 한 손은 너 자신을 돕는 것이고, 다른 한 손은 다른 사람들을 돕기 위한 것이다."

오드리 헵번은 만년에 그가 주연하여 전 세계적으로 흥행대박을 일으킨 〈마이페어레이디〉처럼 살았다고 할 수 있다.

버나드쇼의 원작 〈피그말리온〉을 조지 큐커 감독이 1964년에 뮤지컬영화로 만든 것이 〈마이페어레이디〉이다.

오드리 헵번은 무식한 거리의 꽃 파는 아가씨였다. 그런데 하긴스 교수에게서 교양 있고, 단아하게 말하는 방법을 익히면서 마침내 우아한 숙녀로 변모한다.

〈마이페어레이디〉는 언어커뮤니케이션의 좋은 연구대상이며, 실습교재가 되고 있다.

버락 오바마

미국 국민들은 새로운 대통령의 취임사와 함께, 임기 초에 새 대통령이 어떤 말을 하는지 귀추를 주목한다.

그들은 젊은 대통령 존 케네디가 "10년 안에 사람을 달에 보내겠다."고 했을 때 열광했다. 수많은 이슈 중에서도 10년 안에 사람을 달로 보내겠다는 말을 통해, 지금부터 미국은 과학과 경제, 사회의 발전을 가져오겠다는 목표를 구체적으로 설파했다고 믿었기 때문이다.

당신이 잘 알다시피 미국에는 존 케네디 이상의 슈퍼스타가 탄생했다. 버락 오바마이다.

오바마는 취임사에서나 임기 초반의 연설에서 '10년 안에 석유가격을 10분의 1로 줄이겠다' 는 등의 구체적이고 생생한 목표 설정은 하지 않았다.

그러나 오바마 대통령의 메시지 전달력은 역대 대통령 중 최고로 꼽히고 있다. 그를 비난하는 사람들도 그의 연설능력을 두고 "처음에는 훌륭했지만, 지금은 더 훌륭해졌다."라고 말할 정도이다.

오바마는 어떤 이슈에 대해서든 간결하고 구체적으로, 감성에 적절히 호소하는 능력을 갖추고 있다. 경선 초기 어느 토론회에서 그가 힐러리에 진 뒤에 보인 반응 때문에 유권자들은 그를 더욱 신뢰하게 됐다.

"힐러리는 오늘 밤 아주 훌륭했다. 반면 나는 아직도 훌륭한 정치인이 아닌 것 같다. 하지만 나는 열심히 노력해 곧 훌륭한 정치인이 될 거다."

정책설명회에서 졌으면서도 나중에 했던 그 말 덕에, 배우는 자세와 미래를 향한 긍정적인 자세를 가졌다는 평가를 얻은 것이다. 특히 그는 백인 어머니와 흑인 아버지라는 '자기만의 스토리' 를 감성에 호소하는 도구로 적절히 잘 활용하였다.

오바마의 치적으로 이미 자리 잡은 '의료보험 개혁안' 통과과정에서 그는 대단한 '설득스피치'를 보였다. 오바마는 개혁안 표결을 단 한 주 앞두고 무려 64명의 하원의원들과 일일이 독대를 하거나 전화통화를 하며 한 명 한 명 설득에 나섰다. 모두에게 같은 말을 했다.

"어느 것이 더 행복하냐?"

오바마는 많은 사람들을 만나 많은 말을 했다. 의원들은 물론 일반시민들을 대상으로 하는 미팅에도 적극적으로 나섰다. 심지어 그를 엄청나게 비난해 온 〈폭스뉴스〉와의 불편한 인터뷰에도 기꺼이 응했다.

아무리 민주주의의 천국, 미국이라고 해도 대통령과의 토론이 완전한 평등관계로 진행되기가 쉽지 않은데, 오바마는 누구처럼 '계급장 떼고' 토론하는 방식을 즐기고 있다. 역대 미국 대통령 가운데 말을 잘 하기로는 빌 클린턴 전 대통령도 빼놓을 수 없지만, 오바마는 '대중들과 반대파들과도 즐겁게 이야기하는' 더 큰 강점을 지녔다. 그의 쉽고도 지루하지 않은 말에 대개의 사람들은 모두 설득을 당하고 만다.

덩샤오핑(등소평)

중국 공산당은 항일전쟁을 하면서 군중의 사기를 북돋우고자 늘 선동적으로 말했다.

그런데 유격전의 '전진을 위한 일보후퇴 이론'의 설명에 대하여 사람들은 도통 알아듣지 못하겠다는 표정이었다. 그때 말재주가 뛰어난 한 간부가 나섰다. 그는 책에 나와 있는 이론을 하나씩 들어가며 열심히 설명했다. 하지만 사람들은 여전히 알아듣지 못했다.

안 되겠다 싶었던 간부는 상투적인 설명을 버리고 가장 간단한 질문을 던졌다.

"싸움할 때 팔을 앞으로 그냥 뻗는 것과, 뒤로 뺐다가 그 반동으로 힘차게 내뻗는 것 중 어디에 더 힘이 실리는가?"

사람들은 물론 후자라고 대답했다. 그 자리에 있던 사람들 모두가 '힘을 모았다가 다시 공격하는' 논리를 단번에 이해할 수 있었다. 간단하면서도 강력한 말의 위력이 증명되는 순간이었다.

1973년, 스피치의 달인 덩샤오핑(등소평)은 지방에서의 칩거생활을 끝내고 북경으로 돌아왔다. 마오쩌둥(모택동)은 그를 보자마자 다짜고짜 물었다.

"그래, 장시에서는 그동안 무얼 하고 지냈소?"

덩샤오핑이 얼마나 할 말이 많았겠는가? 그동안 냉대 받았던 것에 대한 서러움, 허송세월을 보내면서도 어쩔 수 없었던 심경, 하루빨리 복귀해서 나라를 위해 일하고 싶은 갈망을 설명하고픈 말들이 목구멍에 해일처럼 밀려오고 있었다. 그러나 덩샤오핑은 그 많은 말을 줄여서 그의 키만큼이나 짧게 말했다.

"기다렸습니다."

그야말로 의미심장한 한마디였다. 이 말에 중국의 과거역사와 현재역사, 미래역사가 농축되어 있었던 것이다.

덩샤오핑은 우리나라를 방문하기도 한 그의 딸 덩룽(등룡)과 대화를 자주 즐겼다. 딸이 문화대장정에 관한 의미를 한 시간이나 할애해 말한 뒤 아버지에게 물었다.

"장정 때 아버지는 무슨 일을 하셨어요?"

덩샤오핑이 대답했다.

"그냥 따라갔지 뭐."

역시 간단한 말에 큰 의미를 담고 있는 대답이었다. 노 혁명가의 당과 인민에 대한 충성심, 탁월한 식견이 이 짧고 간결한 한마디에 다 들어 있다.

덩샤오핑은 1975년 중국군의 그릇된 기강을 바로잡자는 중요한 말을 하면서도 사람들이 알아듣기 쉽게 하기 위하여 연설의 제목을 간단명료하게도 '군대를 바로잡자!' 로 했다.

내용 역시 매우 간결했다. 그는 당시의 중국군대의 그릇된 풍조를 종(腫: 거짓됨), 산(散: 단결심이 부족함), 교(驕: 교만함), 사(奢: 낭비성), 타(惰: 게으름)의 단 다섯 글자로 요약했다. 군대 수뇌부는 주요 병증을 정확하게 짚고 있어서 바짝 긴장했고, 병사들은 아주 쉽게 이해했다.

이처럼 덩샤오핑의 스피치에는 그만의 특징이 있었다. 작지만 야무진 그의 체격처럼, 그의 언어도 짧지만 매섭고 알찼다. 한편 늘 깔끔하면서도 풍부한 의미를 담고 있었다.

당신은 오드리 헵번과 버락 오바마, 덩샤오핑의 경우에서 뭘 느끼셨는가?

어렵게 말하면 길어지고 더욱 어려워진다. 이것이 '오컴의 면도날이론' 이다.

Tip

위대한 인물들이 말할 때 확실히 하는 것

• 목표 세우기

말을 하는 목적이 무엇인지 먼저 확실히 해야 한다. 이는 당신이 꼭 말을 해야 하는지, 무슨 말을 할지, 누구에게 어떻게 할지를 결정해준다.

• 대상 분명히 하기

당신의 청중이 누구인지부터 생각하라. 청중의 성향이 다양하기 때문에 말을 받아들이는 방식도 각각 다르다. 따라서 듣는 대상에 따라 무슨 말을 할지 감을 익혀야 한다.

• 장소와 시간 확실히 알기

당신 주변의 환경을 반드시 염두에 둬라. 더 효과적인 전달을 위해 어떤 방식을 택해야 할지 알려준다.

당신이 서로 조금씩 다른 비슷한 원리들을 알고 있고
그것들 모두가 특정 현상을 설명하고 있다면,
'더 간단한' 설명이 '더 정확'하다고 여겨야 한다.

chapter 04

성공하는 대화법

kiss하듯 말하라!

제4부

머리로 생각하고 입으로 말하고

사람들은 하루에도 수많은 말을 한다. 모두가 다 아름다운 말이면 얼마나 좋을까? 그러나 그중에는 나만의 이득을 취하려는 말도 있고, 남의 가슴에 상처를 남기는 말도 많다. 짧은 세상 살다 가는데, 좋은 말만 하며 살아간다면 듣는 이나, 말을 하는 이에게나 모두 행복이 넘쳐날 것이다.

타인의 험담을 늘어놓는 것보다는 칭찬하는 말이, 상처 주는 말보다는 위로의 말이, 비난보다는 격려의 말이, 나와 타인의 삶을 비옥하게 한다.

작가 마크 트웨인은 "멋진 칭찬을 들으면 그것만 먹어도 두 달은 살 수 있다."고 했다. 복잡한 현대를 사는 우리에게, 서로의 격려와 칭찬과 긍정적인 말은 이 세상을 훨씬 밝게 만드는 초석이 될 것이다.

말이 기적이 된다. 배고파서, 외로워서, 통증으로 괴로워하는 다른 사람들에게 진정 어린 위로와 격려의 말은 새로운 힘과 용기를 주어서 그들을 일으킬 것이다.

아름다운 말에는 향기가 분명 있는데, 복잡하지 않아 다행이다.

아름다운 말에는 사랑이 분명 있는데, 장황하지 않아 다행이다.

#1 말에도 다이어트가 필요하다

남들이 읽어줄 묘비명

당신은 어찌 몸이 살찌는 것에 대한 걱정으로 신속히 감량작전을 세우면서, 비대한 말에서 필요 없는 것을 덜어내는 작업은 왜 하지 않는가?!

남극의 연구기지에서 기상악화로 일 년 동안 갇혀 지내던 관측대원이 가까스로 아내에게 전보를 쳤다. 거기에는 단 두 글자만 적혀 있었다. "여보." 그는 그걸로 충분하다 싶었다.

원래 모든 핵심은 단순하다. 그것이 길게 늘어져 이해를 방해하는 경우가 많다.

우리나라 '독립선언문'은 분명 명문이나 길고 어려운 점이 흠이다. 고교시절 국어시간에 배우긴 했지만 아직도 난해하다는 생각이 든다. 미국이 우리나라보다 나은 것 중 하나가 그들의 '독립선언서'가 참 쉽다는 것이다. 미국의 3대 대통령을 지냈으며 버지니아대학을 세운 토머스 제퍼슨이 초안을 쓴 것이다.

그는 생전에 직접 묘비명을 정해놓은 것으로 유명한데, 평상시의 말과 글이 아주 짧았다.

우리나라 비석의 문장은 아주 작은 글씨에 한자나 한자어로 쓰여 있어 읽기가 참 힘들다.

제퍼슨이 직접 쓴 자신의 비문이다.

"미국 독립선언의 기초자, 버지니아 신자유법의 기초자, 버지니아대학교의 아버지, 토머스 제퍼슨 여기에 잠들다."

그의 일생이 다 기록되어 있다.

「연애론」의 대 작가 스탕달도 자신이 직접 비문을 썼는데, 아주 간단하다.

"사랑하고, 썼노라!"

간단히 써야 할 말이 어디 묘비명뿐이랴.

광고카피는 짧을수록 인정받는다. 유능한 카피라이터는 클라이언트에게 "회사를 설명할 때 20개 미만의 단어만 사용하라."고 권한다. 그는 말한다.

"만일 20개 단어만으로 당신 회사의 특징을 설명할 수 없다면 회사를 고쳐야 합니다."

없애지 못하면 줄이기라도 해야 하는 수식어

김훈 작가의 『칼의 노래』, 『남한산성』 같은 글을 읽어보았는가?

단문(短文)의 연결이다. 주어가 없는 말도 아주 많다. 긴 소설임에도 아주 간결하게 느껴져 읽기가 아주 편하다. 그럼에도 그는 "한국어에 조사가 없다면 얼마나 좋을까?" 하고 또 외치고 있다. 그만큼 군더더기가 없는 짧은 글이 좋다는 것이다.

우리에게 〈쇼생크 탈출〉, 〈킹덤〉, 〈미저리〉 등으로 유명한 작가 스티븐 킹은 "지옥에 이르는 길은 부사(副詞)로 포장되어 있다."며 부사를 극도로 혐오했다.

그러나 말을 하거나 글을 쓸 때, 수식어에 대한 유혹을 떨쳐버리기는 힘들다. 당신이 하는 말 거의 전부도 형용사나 부사가 덕지덕지 붙어 있을 것이다. 말도 화장 같아서 꾸밀수록 유려해진다고 생각해서 그렇다. 하지만 스피치 고수가 아닌 당신의 말이나 글은 축축 처지고 내용은 애매모호해져버린다.

인테리어 기술 중에는 뭔가를 더 놓고 걸고 하는 것도 있지만, 기존의 것들을 치우는 방식도 있다. 형용사나 부사가 많은 말은 시계와 달력이 여러 개 걸린 방처럼 정신이 사납다.

· 느려터지게 말을 천천히 하는 사람

→ 말이 느린 사람

· 미스 김은 참말로 맛이 없게 음식을 만든다

→ 미스 김은 음식솜씨가 서투르다.

위의 두 문장을 보고 느낌 점이 있어야 한다.

양보다 질

커뮤니케이션, 소통하려는 목적은 두말할 것 없이 자신의 생각을 상대방이 잘 이해할 수 있도록 전달하는 데 있다. 상대를 자신이 원하는 방향으로 끌고 가려는 것이다. 이해를 시키고 설득을 하려는 기본 목적에 맞춰 본다면, 말을 너무 많이 하는 것은 장해가 되기 십상이다.

당신이 윗사람이고 상대가 아랫사람이라면 상관으로부터 받은 정보의 난해함과 분량에 질려 스트레스를 받게 될 것이 뻔하다. 심한 경우는 그 스트레스를 피하기 위해 의도적으로 윗사람과의 대화를 피하거나 말에 귀 기울이지 않고 흘려버리기도 한다.

이럴 경우 당신은 충분히, 잘 구사했다고 생각하지만, 전달하고자 했던 핵심 메시지를 상대가 못 알아듣는다.

당신이 말로 하는 커뮤니케이션에 능한 사람이 되려면 상대가 자주 듣고 좋아하는 당신만의 핵심용어를 두어 개 준비해뒀다가 그것만 쓰는 것이다.

다시 말해 한두 마디의 압축된 메시지가 더 효과적이라는 것이다.

Tip

어느 철학자가 행복하게 살아가기 위한 조건으로 다음의 다섯 가지를 들었다.

첫째는 먹고 입고 살기에 조금은 부족한 재산이고,

둘째는 모든 사람이 칭찬하기에는 약간 부족한 외모이다.

셋째는 자신이 생각하는 것보다 절반밖에 인정받지 못하는 명예이며,

넷째는 남과 겨루었을 때 한 사람에게는 이기고, 두 사람에게는 질 정도의 체력이다.

마지막으로는, 연설을 했을 때 듣는 사람의 절반 정도만 박수를 보내는 말솜씨이다.

이 다섯 가지의 공통점은 바로 부족함이다.

부족함이 좋다는 좋은 설명은 최인호 소설 『상도』에 나온다. 술잔의 70%만 채워야 한다는 계영배(戒盈盃)의 지혜이다.

행복의 최적조건을 찾는 심리학자들의 연구에서도 약간의 걱정과 고민이 건강에 이롭다는 이론을 찾았다. 어느 순간에 사실은 더 먹고 싶을 때 숟가락을 놓아야 살 빼기가 가능하듯, 말도 하고 싶은 말의 70%만 하면 넘치지 않아 실수가 없다.

독백 #2

박지성

독백. 모놀로그, 혼잣말이다.

자기만 듣도록 한 말인데, 그것도 커뮤니케이션 범주에 넣어야 할까? 마땅하다.

당신도 가끔 독백을 할 것이다. 그러나 그 말은 내가 이미 알고 있는 말이다. 설마 또 다른 나에게 한 말은 아니었을 것이다. 혼자서 나직이 하는 말이지만, 분명히 대상이 있다.

독백은 화려하게 수식하거나 장시간 하지 않는다. 대부분이 이미 한 말을 짧게 줄여서 다시 하는 것이다.

2010년 5월 16일, 남아공월드컵에 출전하는 우리 한국 팀은 마지막 점검으로 남미의 에콰도르와 친선경기를 치렀다. 두 골을 넣어 이겼기에 평가전이 무척 시원했는데, 엄청난 감동의 물결은 그 이유로만 일지 않았다.

한국축구대표팀은 경기가 끝난 뒤 월드컵 출정식을 열었다. 16강 진출을 다짐했다.

선수들은 경기장 중앙에 동그랗게 원을 그리고 서서 경기장을 가득 메운 6만이 훨씬 넘는 관중들에게 승리의 의지를 상징하는 주먹을 불끈 쥐어 보였다.

선수들 이름이 호명되고 나서 잠시 적막이 깔리자, 강렬하고 감동적인 독백이 나와 관중들을 열광시켰다. 주장 박지성이 낮지만 강하게 말했다.

"저희에게 자신 있느냐고 묻는다면 잘 모르겠습니다. 저는 특별한 선수가 아니기 때문입니다. 하지만 제가 아닌 대한민국에는 특별한 힘이 있습니다. 그것은 동료의 눈에도 보입니다. 붉은 악마의 함성에서도 들립니다. 사람들은 그것을 투혼이라고 부릅니다. 저는 그것을 팀이라고 부릅니다."

박지성은 축구를 잘하는 운동선수이지 무슨 아나운서나 성우가 아니다. 실제로 말을 잘하지 못한다. 그런데 그의 이 독백은 햄릿 대사를 가장 잘한다는 리처드 버튼보다도 더 감동을 주었다.

당장 상대의 답변을 요구하는 것이 아니어서 부담은 없지만 강한 메시지를 전달하는 것이 독백의 매력이다.

당신이 아이디어를 제시해온 사람에게 거절을 했다가 다시 청을 들어주는 것은 그가 중얼거리는 혼잣말에 뒤늦게 설득을 당한 것이다. 그가 혹시 이렇게 말하지 않던가.

"……흠, 이 사람은 거저 주어도 못 갖는구나!"

갈릴레이 갈릴레오

“태양이 세계의 중심이고 움직이지 않으며 지구는 세계의 중심이 아니고 움직인다는 거짓 의견을 완전히 버릴 것이며, 전술한 이론을 말이나 글 등 어떤 방식으로든 옹호하거나 가르치려 해서는 안 된다는 요지의 명령을 이 성청(聖聽)이 저에게 사려 있게 암시한 뒤에도, 그리고 전술한 교리가 성서에 배치된다고 저에게 통보한 뒤에도, 저는 이미 단죄된 이 교리를 논의하고 이들에 관한 어떠한 해답도 제시하지 않은 채 그 교리를 지지하는 매우 강력한 주장을 도출하는 한 권의 책을 써서 출판했습니다. 그리고 그 사실이 원인이 되어 저는 이단, 즉 태양이 세계의 중심이고 움직이지 않으며 지구는 중심이 아니고 움직인다는 것을 주장하고 믿었다는 강력한 의심을 성청으로부터 받았습니다…… 앞으로도 이단의 의혹을 받을 수 있는 그 어떤 것도 절대로 말이나 글로 주장하지 않을 것을 맹세합니다.”

참으로 길고 어려운 말이다. 갈릴레오의 이 굴욕적 맹세는 이탈리아는 물론 유럽 각국의 지식인들에게도 알려졌다.

그러나 재판을 마친 갈릴레오는 고개를 숙이며 나직이 중얼거렸다고 하지 않는가.

“그래도 지구는 돈다.”

1633년 6월 22일의 일이다. 칠순 노인 천문학자는 당장은 무서워 학문적 소신을 굽혔지만 “그래도 돈다(Eppur si muove).”라는 독백을 했기에 존경의 대상이 되고 있다.

Tip

한국 연극 중 백미로 꼽히는 오영진의 〈맹진사댁 경사〉에서 '미언'의 독백이다.

"사람의 마음, 더욱이 여자의 마음의 참된 무게와 깊이가 알고 싶었던 것이오.
병신이나 거지나 이것은 모두 겉치레일 뿐이오. 내가 그토록 찾던 마음씨는 당신과 같은 참된 사람이오. 어떤 불만이라도 어떤 괴로움이라도 박차고 나가 이길 만한 꿋꿋한 마음씨, 꿋꿋한 진실이 당신에게 있소."

칭찬과 꾸중 #3

좋은 말만 하면서 살 수 없는 세상이다. 살다보면 무의식적이건 의식적이건 나쁜 말이나 싫은 말도 하게 된다. 어쩔 수 없이 누군가를 추어주어야 할 상황에도 맞닥뜨린다.

당신도 그렇지만 모든 사람은 다면성이 있어서 '그렇다·아니다, 좋다·나쁘다' 처럼 딱 부러지게 둘로만 나눌 수 없다.

제대로 표현을 하고 싶은데, 확실히 떨어지는 말이 없어서 이미 있는 말의 근사치를 갖다 댄다. 하고 나서 후회한다. '이런 말이 있었는데……', '차라리 말을 하지 말 것을……' 하는 식으로 말이다.

갖가지로 느껴지는 말을 함부로 해서는 안 된다. 그런데 우리는 말을 부정확하게 쓰고도 넘어갈 때가 많다. 칭찬을 한다는 것이 꾸지람이 되는가 하면, 질책을 하느라 한 말에 오히려 상대는 반성을 하지 않고 고무되어버린다. 참 난감한 일이다.

외과 의사처럼 사람의 속을 속속들이 들여다보고 말할 수 있으면 좋겠는데, 그렇게 할 시간도 없고 방법도 잘 모른다. 그러다 보니 대충 판단을 하고 말을 해버린다.

방법이 없는 것은 아니다. 칭찬은 남 볼 때 하면 되고, 야단은 남이 안 볼 때 치면 된다. 그러나 당신도 그렇듯 어디 사람들의 마음속이 단순하기만 한가. 남 앞에서 하는 칭찬은 편애라는 오해를 받는다. 남이 없는 곳에서 나무라면 '떳떳이 제삼자의 평가를 받고 싶다' 고 대들지 않던가.

그래서 목적이 있는 아첨, 칭송, 빈말, 덕담, 흉보기는 짧게 끝내 버려야 한다. 그게 효과가 크다. 진정성이 있다고 믿는다. 꽃노래도 반복되면 싫다고 했다. 하물며 이미 잡은 허물을 거듭거듭 되풀이하면 강한 반발심이 들고 만다.

같은 말이라도 때와 장소를 가려서 해야 한다. 어떤 곳에서는 아름다운 음악이지만 어떤 곳에서는 괴로운 소음이 되기에 그렇다.

칭찬이건 꾸지람이건 상대방을 보며 말해야 한다. 눈이 마주치면 서로의 마음도 마주 통하게 된다.

상대에게도 해명할 기회를 주어야 한다. 인간관계를 깨트리려면 말을 독점하고, 관계를 더욱 돈독케 하려면 당신이 듣기에 관심이 없는 말이라도 상대의 것에도 귀를 기울여줘야 한다.

또 상대방의 말을 끝까지 들어야지, 당신이 지루하다는 일방적 판단으로 말을 자꾸 자르거나 가로채면 상대는 돈 빼앗긴 것보다 더 기분 나쁘다.

내 생각만 옳다고 주장하다 보면 계속 당신만 말을 해야 하는 상황이 되고 만다. 그건 내용과 상관없이 이미 스피치 룰을 어기고 있는 것이다.

생각의 다름을 인정하는 여유로움을 가져야 말이 쉬워진다.

당신이 남을 비판하거나 부정적인 말을 할 때, 그 언어는 부정을 타게 된다. 남을 향해 쏜 독화살이 곧 당신의 가슴에 와서 박힌다는 것을 명심해야 한다.

뒤에서 험담하는 것처럼 비겁한 일도 없다. 당신이 아무리 험담을 한다 한들 그를 바꿀 수 없다. 험담은 당신을 향한 당신의 주먹질이 되고 만다. 험담의 소리는 당신의 영혼을 점점 황폐하게 만든다는 것을 알아야 한다.

칭찬을 할 때는 물론이고, 야단을 칠 때도 감사와 사랑의 말을 자주 사용해야 한다. 그것만이 안전핀이다.

말로 인하여 누군가는 자살을 하고, 말로 인하여 누군가는 인생을 망치는 경우가 허다하다. 말에는 지우개가 없으니 조심하고 또 조심해야 한다.

당신도 이런 경험을 많이 했을 것이다. 말은 씨가 된다. 지금 하는 말이 어떤 씨앗이며, 이 말이 뿌리를 잘 내려 성장하여 열매를 맺을 수 있을 것인가를 먼저 생각하는 습관을 기르자.

대개의 사람들은 자신을 과대평가하고 살아가는 존재이기도 하다. 당신도 스스로 말이라는 씨를 제대로 뿌렸는지 전문가에게 물어야 한다. 혼자의 생각으로 잘하는지 못하는지 판단하기는 무척 어렵다.

Tip

일본 사람들이 남을 칭찬할 때 주로 쓰는 말 열 가지를 골라 봤다. 빈말인줄 알지만 기분은 좋을 것 같다.

1. "당신은 너무 멋쟁이여서, 세금을 더 내야 할 것 같아요."
2. "겉모습은 후크선장이라도, 마음은 피터 팬이시군요!"
3. "서양여성을 윙크 하나로 반하게 한 적이 있죠?"
4. "당신의 눈은 아름다운 우주를 다 담고 있어요."
5. "고흐가 목격했으면, 초상화를 그리자고 했을 겁니다."
6. "무슨 말을 들어도, 태평양 같은 넓은 마음으로 감싸 안을 것 같아요."
7. "유도 10단같이, 무슨 일이 생기면 지켜줄 사람!"
8. "옷과 피부색의 대비가 몬드리안 작품입니다."
9. "그 가는 눈은 날카로운 통찰력이 깃들어서 그래요."
10. "당신과 밥을 먹으면 몇 공기라도 먹을 수 있을 것 같아요."

#4 '골라서 하는 말'의 함정

'취사선택'은 커뮤니케이션 마지막 단계에서 꼭 거쳐야 하는 중요한 과정이다. 그럼에도 당신은 젊은 날에는 그렇게 했으면서 지금은 하지 않는다.

애써 고운 말, 멋진 말을 골라 쓰는 시기가 있었다. 젊은 시기의 연애편지들에서 숱하게 그러지 않았는가. 다른 사람에게 속마음을 터놓기가 부끄러운데다 말을 골라 쓰기도 어렵고 답답한 나머지 소월이나 구르몽의 시집에 줄을 그어 외우고 썼다. 그것이 발전하여 '말꽃' 곧 노래와 시로 다시 태어났다.

마음을 주고받는 도구가 종이편지에서 이젠 이메일, 그림, 전화 문자, 트위터 등의 각종 신장비로 대체되었고, 말글도 이전에 상상할 수 없을 만큼 짧아졌다.

하지만 그 질량은 여전히 말과 글인 까닭에 일상에서도 아름답고 장엄하게 표현하고자 애쓰는 이들이 적지 않다.

아름답고 우아한 말, 멋진 말, 정다운 말은 어떤 말일까? 우아하고 정겨우면서도 멋지게 말하려는 생각에 그 답을 쥐어짜내려 한다.

1차적으로 이런 실용적이고 쉬운 동사들을 들 수 있다. '반갑습니다!', '감사합니다!', '잘못했습니다!', '미안합니다!', '잘했어요!', '당신 덕입니다!', '좋습니다!', '수고하셨습니다!', '또 만납시다!'

물론 이런 말을 골라서 한다고 하지만 인상이 박히지는 않는다. 송신자의 그 말을 듣고 가슴 속에 뜨겁게 각인시키는 수신자는 없다. 그렇다고 이런 말을 하지 말라는 것은 절대 아니다.

또한 괜히 튀는 말을 해서 주의를 끌어보겠다고 자신도 잘 이해하지 못하는 말이나 사실이 확인되지 않은 말을 해도 문제이다.

그러나 당신이 특별한 말을 골라서 하고 싶은 충동을 느끼는 일과 자리는 늘 일어난다.

관혼상제의 자리에 가서 대충 격식화돼 있는 말을 더듬거리면서도 넘어갔었는데, 그래서는 임팩트가 약할 거라는 생각이 든다. 구체적으로, 병문안을 가서 '하루바삐 쾌차하시오' 라고만 하고 오기에는 아쉬움이 있다는 것이다.

지금의 안 좋은 상태를 빨리 털고 일어나라는 용기를 주는 말이 간단해야 한다는 것은 알겠는데, 뭐 다른 말이 없을까 하고 고민한다. 당장은 이미 다른 사람이 하고 간 그 인사 말고는 별스런 말이 없다.

갖가지 회갑연, 고희연 말고도 준공식, 개관식, 포럼, 조찬회, 발표회, 인터넷동호회 오프라인 모임에 본격 '서양식 파티' 도 성행하고 있다. 서양식 특유의 자유로운 의사표현의 기회가 주어진다. 미리 인사말을 준비해가는 부지런한 사람이 있지만 대개는 '앞의 분이 말한 대로……' 로 시작하는 당장의 분위기 묘사로 그치고 만다.

하지만 이때가 인생을 통틀어 그다지 많지 않은, 당신을 알릴 수 있는 하늘이 내린 기회라는 걸 왜 모르는가.

이미 화석처럼 굳어져 내려오는 말을 쓰고 말아서는 안 된다. 독특한 멘트로 여럿 중에서 돋보일 필요가 있다. 강의를 듣고 마는 자리이거나 음악회라면 옷에만 신경을 쓰면 그만일 텐데, 말이 주가 되는 여타 행사에서는 달리 해야 하는 '고른 말' 이 따로 있어야 한다. 꾸미고 과장하여 웃음을 유발하거나 고개를 끄덕이게 하는 재치를 부릴 줄 알아야 한다.

때와 장소, 현지상황, 사회상황, 주빈의 형상을 고려한 말, 초대해준 사람의 마음을 헤아린 말, 함께한 사람들의 기분을 즐겁고 편안하게 하는 말이 나와야 한다.

다만, 품위는 절제에서 나오고, 카리스마는 용기에서 나오니 말에 그걸 담아야 한다. 그런 말을 미리 찾아야 한다.

그런데 허겁지겁 갔거나 전혀 다른 것에만 몰입해 있다가 갑자기 달라진 상황에 맞는 말, 그것도 특별한 말을 찾으려 하면 낭패를 당하고 만다.

우둔하냐 지혜로우냐 하는 것은 타고난 지적능력이나 현재의 지위가 말해주는 것이 아니다. 그저 학식만 풍부한 사람은 어떤 말을 어떻게 할 것인가를 미리 준비하고 가다듬어 연단에 오르는 사람보다 뒤진다.

당신이 나름 골라서 운치도 있고, 강하게 했다고 하는 말에 상대는 당신이 넣은 유쾌한 유머도 느끼지 못하고 카리스마도 받지 못한다면 역시 안 하느니만 못한 말이 되고 만다.

고르고 골라서 하는 말 중에 고등학교 교훈이 있다. 기존에 있는 말로 조합을 해서 이해하기 쉽고 재미있으며, 뭔가를 콕 찌르는 기지가 있는 말들이다.

"칠판을 야동 보듯 하자."
"2호선을 타자."
"동포사랑, 국가경영, 세계정복"
"포기란 배추를 셀 때 하는 말, 끝없는 공부만이 살 길이다."
"하얀 종이와 펜만 있으면 어느 대학이든 간다."
"대학 가서 미팅할래, 공장 가서 미싱할래?"
"한우갈비(한마음으로 우리는 갈수록 비상한다)"
"10분만 더 공부하면 남편이 바뀐다."
"엄마가 보고 있다."

물론 있을 법한 것이지 진짜는 아니지만 수사력(修辭力)이 실로 대단한 것들이다.

Tip

골라서 했다는 말이 이런 느낌을 주면 곤란하다.

★ 도덕적 설교에 가깝다.
★ 자기가 스스로 권위를 만들려 하고 있다.
★ 트집일 뿐이다.
★ 생떼를 쓴다.
★ 모순이 들어 있다.
★ 난해하다.
★ 길다.
★ 외래어가 무분별하게 쓰인다.
★ 빈말처럼 들린다.
★ 지난 일을 문제 삼는다.
★ 감정에 빠져 말한다.
★ 우유부단해서 결정을 내리지 못한다.
★ 너무 낮은 수준으로 말한다.
★ 눈에 띄게만 하려고 한다.
★ 고성, 괴성을 지른다.
★ 허세를 부린다.
★ 옛날이야기만 한다.
★ 다른 사람이 다 아는데 자기만 모르는 일이다.
★ 의심을 하여 왜곡한다.
★ 말 한다기보다는 투덜거리기만 한다.
★ 차별의식이 들어 있다.
★ 앞뒤가 다르다.
★ 한 부분만을 싹둑 잘랐기에 오해하기 쉽다.

#5 조각은 깎는 것이지 붙이는 것이 아니다

로뎅의 '생각하는 사람'은 딱 그 크기의 청동재료로 만들어진 것이 아니다. 석상을 만들 때도 마찬가지이다. 거대한 바위 안에 작품이 숨어 있을 뿐이다.

당신이 보고 짜임새가 있고 지루하지 않아 수작이라고 말하는 영화나 다큐멘터리는 비록 러닝타임은 1~2시간이지만 5시간 이상 분량을 찍은 것이다. 잘라내고 배치를 다시 한 편집 덕이다.

말도 잘라낼수록 매력이 커진다.

이화여대 조윤경 교수의 말은 의미하는 바가 크다.

"나는 상상력 수업에서 학생들에게 언제나 '함축'의 중요성을 강조한다. 60분용 텍스트를 20분용, 5분용, 1분용으로 줄여보는 것은 중요한 상상력 연습이 된다. 늘어놓았을 때에는 보이지 않던 새로운 상상력들이 살아나고, 다른 맥락을 부여받은 텍스트 속에서 생의 반전을 찾아낼 수 있다."

말과 이미지가 넘쳐나는 이 시대에 불필요한 첨가를 하여 혼동을 오게 하는 사람이 있는가 하면, 잘라내고 압축해서 깔끔하게 다듬는 사람들이 있다. 며칠 걸려 애써 촬영한 영상을 10분 분량으로 편집하는 사람들, 한 컷의 사진을 위해 세상 풍경을 무수히 사각형으로 트리밍해보는 사람들이 있는가 하면, 수십 페이지의 글을 줄여 한 줄의 광고카피를 만들어내는 사람들도 있다.

뿐인가. 단 컷이나 4칸짜리 시사만화는 가장 큰 화두를 콩알만하게 응축하는 셈이다. 100미터 달리기를 슬로모션으로 하면 42.195킬로미터의 마라톤처럼 보이고, 마라톤을 빠르게 돌리면 단거리 경주 같다.

인내를 요구하는 마라톤보다 현대인들은 빠르고 간결한 100미터 달리기를 더 선호한다. 근육 하나하나의 일어섬과 흔들림, 긴장을 보는 것에 짜릿함을 느끼기 때문이다.

짧게 여운을 던지고 떠난 말에서 사람들은 그가 했던 헛기침이나 침 삼키는 소리에도 무슨 의미가 들어 있지 않나 연구하기도 한다. 잘 압축된 시도 작가가 말하지 않은 것까지 독자가 상상하고 의미를 부여해준다.

"구름에 달 가듯 가는 나그네"

박목월의 이 시는 떠나는 사람의 유유자적한 모습과 함께 어쩌면 안고 있을 애타는 사연과 감정을 함축하여 전달한다.

이런 응집력은 자연과 인간, 시간과 공간을 동일화시키는 놀라운 힘을 갖게 된다. 뚱뚱해서 비틀비틀 걷는 여성을 보다가 김연아나 현영을 보면 속이 탁 트이는 느낌은 당신도 자주 가질 것이다.

비계가 잔뜩 낀 말(馬)이 아닌, 안으로 잘 다져진 근육 잡힌 몸매의 말(馬)이 더 잘 달리고 보기도 좋은 건 당연하지 않은가.

그런데 타의에 의한 말의 다이어트가 생기는 경우도 있다. 당신이 하고 있는 말을 다른 사람이 중단시키는 것이다. 물론 두 가지 문제 중 하나가 틀렸을 것이다. 당신의 말은 당신이 모르는 구조적 모순을 지니고 있어서 다른 이의 커트가 오히려 필요했거나 아니면 몰상식한 청중을 만났을 경우이다.

어찌됐건 이런 막힘이 생기면 이후에는 타인과의 소통이 무조건 어렵다는 고정관념을 갖게 되어, 말에 더욱 자신감을 잃고 오히려 더 길게 말하게 된다. 당연히 좌충우돌하는 말이 되고 만다.

말을 짧고 쉽게 재단하려 하는데 잘 안 되는 경우는 일이 원천적으로 복잡한 요소를 갖고 있기도 하다. 그런 일에 대한 말은 짧게 균형 잡힌 말로 디자인이 잘 되지 않고, 시간만 끌게 된다.

당신은 먼저 복잡하게 만들어버린 일을 단순화시키려고, 말을 하는 것은 뒤로 미룬다. 아니면 이미 했던 복잡하게 한 말을 철회하는 것이다. 일이 복잡해지면 핵심을 짚어내기가 어렵고 말도 절대 다듬어지지 않는다. 그럴수록 말은 더 복잡해진다.

상대방은 제대로 알아듣지 못해 자꾸만 질문공세만 펴게 되고 그러면 당신은 해야 할 기본적인 말도 갈피를 잡지 못하게 된다.

말을 놓치지 않으려고 계속 말을 하면 상대방은 다른 속셈이 있어서 저러나 하는 오해를 하게 된다. 그러다가 '너는 떠들어라, 나는 딴생각이나 하겠다' 라는 식이 되어버린다.

말이 줄여지지 않고 '언어의 숨바꼭질' 이 되면 무슨 의미가 있겠는가.

휴대가 간편한 오만 원 권은 얇은 1장이지만, 두툼한 천 원짜리 49장보다 액수는 많다.

Tip

인간소리의 흔적
— 김정명(조각가)

말을 하고 나면 후회스럽다. 좋은 말이든 나쁜 말이든 그렇다.
나무도 꽃도, 새와 나비도, 구름과 돌도, 산과 바다도, 삼라만상이 언어가 없다.
그래서 실수도 있을 수 없다.
그들이 후회하는 걸 봤는가?
커피도 냉장고도 말이 없고, 된장국도 스파게티도 말이 없다.
인간이 말을 붙이고 말을 만든다.

누군가 "말로써 말 많으니 말 많을까 하노라."라고 읊조렸다.
옳은 말이다.
나의 작품에 '말풍선' 시리즈가 있다.
LA 만화신문의 한 페이지를, 그림을 도려내고 말풍선의 언어들을 지워보고 '텅 빈 – Empty(앰프티)' 라고 명명했다.
고작 신문 한 페이지에 언어의 묶음들이 너무나 많다.

시끄러운 흔적들이 가득하다.
왜 이다지도 인간들은 말을 많이 해야 하는지 놀랍다.
바람소리, 파도소리들은 흔적 없이 사라지는데 인간의 소리들은 왜 흔적을 남기는가?
(부산일보 2007년 9월 19일자 기사 중)

#6 백 년 같은 '한 말씀'

자기를 초대해놓고 연설 기회를 주지 않는다고 술잔을 깨는 국회의원이 있는 나라가 당신이 살고 있는 대한민국이다. '높은 분' 들은 하나같이 연설을 원하는데 문제는 그들이 자리를 빛내주러 왔다고 하면서 막상 자리를 어둡게 만든다는 데 있다. 공연이나 행사 기획에서 빠져서는 안 되는 것이 '누군가' 의 한 말씀이다.

교장, 총장, 시장, 군수, 읍장, 면장, 서장, 사장, 지방의회의원, 국회의원 기타 여러 방면의 유명인사 누구누구를 무대 위로 모시지 않으면 안 되는 상황을 자주 겪는다.

그런데 그들의 이야기는 왜 하나같이 지루할까? 그냥 길어지는 것에서 끝나는 게 아니고 손님들을 쫓기도 한다. 자리의 분위가 죽어버리곤 한다. 놀랍도록 따분한 이야기들과 분위기와 맞지 않고 세련되지 않은 농담(나는 아무렇게나 말해도 된다?)을 늘어놓거나, 어쩔 때는 자기 이야기만으로도 성이 안 차는지, 예정에도 없는 다른 사람을 소개하여 그에게 연설기회를 주는 즉석MC 역할도 하니 문제이다.

〈대구 대경대학교〉에서 강의하는 남희석은 명실 공히 이 나라 국민예능인이다. 당신은 착각하실 것이다. 그의 강의에 학생들이 구름떼처럼 몰리고, 수업 두 시간을 너무 짧다고 생각하는 학생들이 "강의 앵콜, 앵콜 강의!"를 외칠 것이라 믿지 않으신가 말이다.

학생들은 말한다.

"방송에서 보는 MC 남희석은 여전히 재밌어요. 그러나 강의로 우리를 가르치시는 남희석 교수님은 수업시간이 너무 길어요."

남희석이나 학생들에게는 아무런 문제가 없다. 좌우간 사람들은 누가 됐건 긴 이야기를 하면 지루한 법이다.

톱스타들의 인사말은 짧기에 신선한 것이다. 그들은 자기를 자기 입으로 설명할 필요가 없으니 길게 이야기하지도 않는다.

당신도 어느 자리에서 이미 '높은 분' 인지 모른다. 그렇다면 '한 말씀' 을 사양 마시되 효과적인 연설을 위해서는 우선 짧아야 한다는 생각을 가지시기 바란다.

첫째는 분위기 파악이다. 당신이 명함에 있는 그 직함으로만 소개되면 공식적인 자리이고, 당신을 소개하는 사회자가 별명을 부른다거나 그날 처음으로 지칭하는 특별한 말로 설명을 하면 가벼운 유흥 자리이다. 말을 어떻게 달리 해야 하는지를 아실 것이다.

일부러 준비한 원고를 읽어야 할 자리인지, 원고를 읽으면 안 되는 자리인지도 구분이 된다. 아니면 앞부분에 '애드 립' 으로 지금의 분위기를 말한 다음 원고를 읽으면 좋은지도 바로 알 수 있을 것이다.

참고로 원고를 또박또박 읽는 것은 시낭송 아닌 다음에는 가급적 피하는 게 좋다. 약간 떨고 더듬어도 원고 없이 하는 연설이 더 좋다. 연설에 얽매이면 그걸 다 읽어야 하니 필요 없는 말도 하게 된다. 좋은 평가를 받을 리가 없다.

대하소설을 쓴 소설가 조정래 선생은 어느 자리에서 '3분 스피치' 를 요청 받고 더도 덜도 아닌 180초를 지켰다. 주최 측에서 "시간을 짧게 드려 미안하다."고 하니까 대답했다.

"대하소설 전문작가인 제게 3분은 너무나 가혹하다는 생각이 들었는데, 하다 보니까 제가 하고픈 말을 다 하고도 남더라니까요."

짧은 스커트가 가격도 쌀 거라고 안다면 큰 착오이다. 오히려 그런 스커트는 만들기가 힘들어 더 비싼 법이다.

행사장에서 대접 받는 '초대손님', '내외귀빈' 이 되는 비결은 간결한 스피치를 값지게 하는 것이다.

2010년 6월 지방선거를 치르면서 숱한 말들이 오고갔다. 내가 지지하는 정당이거나 좋아하는 정치인의 연설은 길수록 좋은데, 염두에 두지 않은 정당의 후보는 단 한마디만 해도 짜증이 일고 만다.

한두 마디 압축 메시지가 더 효과적이라는 걸 다시 설명할 필요가 있을까 모르겠다.

Tip

영화 〈300〉

신화가 된 거대한 전투이다. BC 480년.

페르시아 100만 대군이 그리스를 침공한다.

그리스군의 연합이 지연되자 스파르타의 왕 '레오니다스(제라드 버틀러)'는 300명의 스파르타 용사들을 이끌고 '테르모필레 협곡'을 지킨다.

가족과 나라, 그리고 명예를 위해 남자는 전부를 건다.

100만 대군과 맞서는 무모한 싸움.

그러나 스파르타의 위대한 용사들은 나라를 위해, 가족을 위해 그리고 자기 자신의 명예를 위해 불가능한 이 전투에 맹렬히 자신들의 모든 것을 건다!

영화 〈300〉은 플롯이 참 단순하다. 그러면서도 엄청난 인기 블록버스터 노릇을 톡톡히 했다.

사실 극의 내용도 간단하고, 복잡한 갈등요소도 없다. 그러면서도 그 서사미는 탁월하다. 우리말로 옮겨진 대사의 힘도 대단했다.

마지막 장면. 왕은 사랑하는 아내에게 목걸이를 보냈고, 부하에게 전하고 싶은 말은 "우리를 기억하라."가 전부. 왕의 명령은 지극히 간단했다.

"우리를 기억하라."

영화 〈마이페어레이디〉

〈마이페어레이디〉의 두 주인공은 말하는 사람(話者)과 듣는 사람(聽者)의 지위와 관계, 이전환경과 현재의 조건이 서로 대척점에 있다. 짧고 쉽고 말하려 해도 상대와의 차이가 워낙 커서 알아듣지 못한다.

그러나 스피치커뮤니케이션은 가공할 위력을 지니고 있다. 이상한 사투리를 사용하며 코벤트 가든에서 꽃을 파는 거친 아가씨 '일라이자 두리틀(오드리 헵번)'을 마침내 거리의 꽃 파는 처녀에서 사교계의 공주로 등극케 만든다.

하긴스 교수와 피커링 대령의 내기가 중심이 되어 신분상승이 아닌 언어구사력 상승 과정을 흥미롭게 보여준다.

히긴스 교수가 자신은 6개월 정도의 교육기간으로 한 사람의 언어능력을 바꿔놓을 거라고 호언을 하는데, 영화의 과장수법이 아니라 실제 스피치커뮤니케이션의 효능이 충분히 입증되고 있다.

chapter 05

성공하는 대화법

kiss하듯 말하라!

제 5 부

말이나 글만이 커뮤니케이션은 아니다

말이나 글 외에도 커뮤니케이션이 가능한 대표적인 것이 '몸짓' 이다.

직접 말로 하지 않더라도 다수 대중들은 중심인물의 사소한 행동까지도 신경 쓰고 관찰하며 해석해낸다. 이를테면 회사의 대표가 복도를 걸어가다 누구와 대화하기 위해 멈춰서고, 누구는 그냥 지나치는지 등의 행동도 아랫사람에게는 매우 중요한 정보가 된다.

특히 소통이 어렵다고 알려진 인물은 그런 작은 행동에서 질문의 답을 찾으려고 상상력을 동원한다.

이런 과정에서 오해가 발생할 소지가 크고, 중심인물의 의도와는 전혀 무관하거나 반대 방향으로 해석하면 구성원 전체가 큰 화를 입는다.

따라서 중요한 인물이라면 자신의 비언어적 행동과 몸짓이 구성원들에게 어떤 영향을 미치는가를 먼저 알아야 한다. 또 뛰어난 구성원이 되려면 헛기침에서도 메시지를 읽어내야 한다.

#1 비언어 커뮤니케이션

당신은 자신이 말을 못해도 답답하고, 누가 당신에게 말을 안 해주면 숫제 갑갑하다 못해 무서워질 것이다. 그러나 당신이 설령 잠시 말을 안 한다 해도 남들은 다 알고 있다. 궁금한 것이 있으면 물어올 것이니 먼저 "질문 좀 해!"라는 조바심을 보이지 않아야 한다.

꼭 뭔가를 해야만 소통이 이루어질 것이란 생각은 하나의 그릇된 고정관념이다. 아이러니하게도 때로는 침묵이 말하는 것 이상으로 명백한 메시지를 전달하기도 한다.

부암동에서 '아트 포 라이프'라는 하우스음악회를 수년째 하고 있는 오보이스트 성필관은 가끔 콘서트 장을 찾는 사람들에게 묵언수행을 요청한다. 그날 소리를 내는 것은 오로지 악기뿐이다. 아주 복잡한 일이 생기면 필담을 나눈다. 나는 조용한 소통이 참 매력적이라고 느꼈고, 이후 단골손님이 됐다.

루머에 휩싸인 연예인이 얼굴에 화가 치밀 대로 다 치밀었다는 표정으로 기자회견을 한다. 그러나 유해진과의 사이를 궁금해하는 사람들에게 김혜수는 아무 언급 없이 질문만 듣고 있다. 누가 더 효과적인 커뮤니케이션을 하는지를 알았을 것이다.

냄비에서 부글부글 끓는 물에 데는 사람보다는 김 안 나지만 속은 뜨거운 숭늉에 데는 사고가 더 많다.

세계 유수의 제약사 화이자의 회장 맥킨은 대중연설을 하지 않기로 유명했다. 그런데도 사람들은 늘 그의 말을 들었다. 엘리베이터나 복도에서 옆의 사람에게 어떤 일을 하고 있는지, 일이 어떻게 되어가고 있는지, 애로사항은 없는지를 가급적 짧게 질문하고 그에 대한 대답을 듣기 때문이다.

직원들은 그가 길고 따분한 정식연설을 하지 않아도 무슨 생각을 하고 있는지 잘 알았고, 그의 경영철학에 잘 따랐다.

듣기

소통 행위의 50%는 피드백(반응)을 확인하는 것이다. 즉, 절반은 듣거나 봐야 한다.

그게 맞는데 간혹 일방향적 커뮤니케이션이 옳다고 여기는 '높은 사람'들이 있다. 자기가 이른바 '리더'이기에 무슨 말을 어떤 식으로 하건 다 순종할 것이라 믿기 때문이다.

그러나 세상이 그리 녹록치 않음을 알아야 한다. 당신 휘하의 사람들도 가치관이 분명하고 취사선택의 능력이 뛰어나 무조건 당신의 말을 듣지는 않는다. 효과적으로 커뮤니케이션을 잘하는 사람은 상대의 이야기를 듣는 데 더 많은 시간을 쓴다.

당신이 계속 아랫사람과 벽을 쌓고 싶다면 남의 말을 듣지 않아도 된다. 단기간의 권위는 있을지 몰라도 누구를 완전히 내 사람으로 만들 수는 없다.

흔히 하는 말이지만, 입은 하나이고 귀가 둘인 점을 깨달아야 한다. 조물주가 인간에게 효과적인 커뮤니케이션 방법을 여실히 알려준 것이다. 왜 조물주의 뜻에 위배되는 행동을 하는지 모르겠다.

몸짓

뛰어난 지도자들은 말하기 전에 몸으로 실천한다. 그래서 말을 꺼내기도 전에 사람들은 그가 무슨 말을 할지 다 안다. 그래서 지도자는 일일이 말하지 않아도 된다.

'국민과의 대화' 를 한다면서 '국민에게 대화' 를 하는 지도자들이 있다. 국민들은 신뢰하지 않는다. 지도자가 이전에 그런 일을 한 적이 없고, 앞으로도 할 것 같지 않아 공허하게 들리고 만다.

말하고 나서 실천한다는 원칙도 중요하지만 말하기 전에 실천도 해야 한다. 듣는 사람이 '올바른 것을 말한다' 고 여기고 따라주기에 그렇다.

메리어트호텔의 창업자 윌라드 메리어트와 경영을 승계한 메리어트 주니어 부자는 말뿐 아니라 직접 행동으로 고객 만족을 실천해 칭송이 자자했다. 메리어트 부자는 아침이면 전날의 고객들이 남긴 메모지를 살펴 그들과 직원들이 직접 신속한 사후 조치를 취했다.

자주 큰 소리로 입을 여는 사람은 그 자리에서는 주목을 받을지 모르지만 다른 이들이 별로 중요하게 여겨주지 않는다. 평소에 몸짓으로 많은 표현을 했던 사람은 구태여 입을 열어 말하지 않아도 된다.

이는 누구나 알고는 있지만 지키기 어려운 커뮤니케이션의 기본 원칙 중 하나이다.

눈물

눈물도 '말' 이다.

방송에서 간혹 보는 장면인데, 서러운 가족사 같은 이야기를 하다가 감정이 복받쳐 말을 잇지 못하고 흐느껴 우는 사람이 있다.

실제로 그런 일이 있었는데 맥이 끊기자 노련한 진행자가 손수건을 건네주면서 출연자에게는 물론 시청자에게도 속삭이듯 말했다.

"눈물도 말입니다!"

진행자의 말에 다시 출연자는 말을 이었고 방청객이나 시청자들도 안도했다.

길고 어려운 말을 하다가 눈물을 쏟는 사람이 있는데, 그게 훨씬 더 간편한 전달수단이 된다.

당신은 부부 싸움 도중 울고 있는 아내에게 “당신이 지금 울고 있는 이유를 세 가지로 정리해서 말해보라.”고 다그친 적이 없는가? 남편의 이런 논리적 주문은 그러지 않아도 당신과 말이 통하지 않아 울고 있는 아내 입장에서는 끔찍한 재앙이 된다.

누가 울면 거기에 담긴 메시지를 찾으려 노력해야 한다. 단, 악어의 눈물인지 살펴보긴 해야겠지만.

Tip

UCLA의 알버트 멜러비언 교수는 프레젠테이션이나 보고를 비롯하여 대화할 때 지나칠 정도로 단순하게 하는 것이 좋다고 말한다.

그의 주장인즉, 말을 들을 때 연사에게 받는 인상의 55%가 몸짓이고, 38%가 이야기 방법, 콘텐츠 중요도는 의외로 적은 고작 7%의 비중만을 차지한다고 밝혀냈다. 말하는 본인에게는 너무나 중요한 이야기라고 해서 길게 늘어놓는다고 하더라도 아무 소용이 없다는 것이다.

듣는 사람이 짧고 명쾌하게 상황에 대해 그림을 그릴 수 있도록 해야 한다. 이 때 프레젠테이션 도구, 보고서 한 장이나 요약본 등이 도움을 줄 수 있다. 핵심은 맨 앞에 두거나, 아니면 맨 뒤에 두어 다시 한 번 정리하는 것도 좋다. 사용하는 낱말은 모두 쉬운 것이어야 한다.

악마의 사전 VS 감성사전 #2

최고의 소통수단인 '말하기' 는 듣는 사람에 따라 다르게 받아들여질 성격이 농후하다.

당신을 포함한 우리나라 사람들이 낯선 사람과 쉽게 말을 하지 않는 이유 중 하나는 듣는 사람을 배려하기 위함이다. 섣불리 말했다가 듣는 사람의 입장과 상황이 달라서 오해할까를 생각하는 것이다.

그래서 아무리 간단한 말을 한다 해도 듣는 사람의 성품을 파악한 다음에 표현법을 그때그때 다르게 해야 한다. 멋지게 한다고 짧고 강한 말을 무심코 했다가 듣는 사람이 당신과 원수가 되고 만다면 얼마나 비극이겠는가.

말과 글을 짧게 하면서도 재미있는 묘사를 하는 방법이 있다. 상대는 그 속뜻을 알아듣고 감탄한다. 그러려면 비유에 능해야 하는데 사실 당신도 느끼겠지만 그게 결코 쉽지 않다.

다행히 머리 좋고 부지런한 우리의 동지가 곁에 있어서 그런 기술을 배울 수 있게 해준다. 영국의 '비어스' 와 한국의 '이외수' 가 그들이고, 일본의 한 줄 시 '하이쿠' 도 그렇다.

먼저 신사의 나라 영국의 '악마의 사전' 을 보자.

부조리 → 자기의 견해와는 분명히 용납될 수 없는 언설이나 신념

책무 → 조심의 어머니

감탄 → 타인이 자기와 닮은 점을 예의바르게 인정하는 것

목적 → 우리가 희망을 쏟는 일

박수갈채 → 처음부터 예정된 각본의 반복

열정 → 경험이 없는 사랑을 구별하는 특성

공기 → 자애로운 신이 가난한 이들을 살찌게 하고자 내려주신 영양이 풍부한 물질

미모 → 여성들이 남편의 간담을 서늘케 하는 힘

칭찬 → 자기의 그것과 닮았으나 똑같지는 않은, 좀 못한 업적에 대하여 보내는 찬사

축하 → 질투가 넘치는 예의의 일종

국회 → 법률을 무효로 하기 위하여 회합하는 사람들의 집단

대화 → 피차간에 자기 상품을 늘어놓기에 바빠서, 이웃이 진열한 상품을 감상할 여유가 없는 벼룩시장

치과의사 → 입속에다 금은을 넣어주고 그 사람의 호주머니에서 그보다 많은 금은을 꺼내가는 마술사

봉투 → 연애편지를 넣는 잠옷

유행 → 현자가 비웃으면서도 그것을 따르게 되는 폭군

건망증 → 양심을 빠뜨린 보상으로 신이 채무자에게 준 재능

손 → 인간의 팔 끝에 붙어 있으면서, 대체로 남의 호주머니 속을 드나드는 데 쓰이는 얄궂은 도구

행복 → 타인의 불행을 바라볼 때 생기는 일종의 안도감

희망 → 욕망과 기대를 한데 뭉쳐 한 덩이로 만든 것

웃음 → 얼굴 생김새를 구겨가며 불명료한 소리를 수반하는 체내의 경련

거울 → 인간이 혼미에서 깨어나도록 그 위에서 촌극을 보이는 유리판

미녀 → 멀쩡한 사람을 열나게 하여 죄짓게 만들거나 까닭 모를 행동과 사고방식을 갖게 하는 얄미운 여자

돈 → 교양의 면허증이며 상류사회에의 입장권

기회 → 실망을 잡으려거든 이것이 찬스

낙천주의자 → 검정을 희다고 하는 주의를 신봉하는 자

과로 → 낚시하러 가고 싶어 하는 고위인사들이 걸리기 쉬운 위험한 병

정치인 → 강이나 바다가 없는데도 다를 놔주겠다는 사람

변호사 → 남의 일을 가지고 자기가 옳다고 우기는 사람

어떤가?

"맞아, 맞아!"를 연발하셨을 수도 있다. 그러나 주의할 것이 있다. 이 말은 말 그대로 '악마의 사전'이다. 풍자성이 너무 강해 자칫하면 간단하고 재치 있는 말을 하고도 비난을 살 수가 있다. 상대를 단 한마디로 제압했다고 생각할 수 있지만, 그가 속으로 상처를 입는 수가 있다. 뼈가 든 유머라고 생각하면 된다.

한 사람이 던진 동일한 수사일지라도 때에 따라 칭찬이 되었다가, 심한 질책으로 바뀌기도 한다. 표면적으로 같은 의미의 말인데 어떤 상황에서는 약으로 쓰이기도 하고, 또 다른 상황에서는 독으로 작용하기도 한다는 것이다.

말을 이해하고자 할 때, 우리는 결코 말 자체만을 따로 떼어 설명할 수 없는 것이다.

말하기는 우리의 삶에서 가장 중요하다. 그런 만큼 위험요소가 곳곳에 도사리고 있다. 온전히 뜻도 이해시키고, 하는 사람이 뿌듯해지는 감성이 넘치는 말은 어떤 것일까?

동방예의지국 대한민국의 '감성사전' 에서 찾아보자.

방랑 → 떠돌면서 구름이 되고 바람이 되는 김삿갓이나 가능한 일

망각 → 마침내 일체의 번뇌와 무관해져버리는 상태

엽서 → 조그만 마음의 창틀

과대광고 → '소비자는 왕이다.'

조간신문 → 아침마다 담 너머로 던져지는 우리의 생활기록부

주인공 → 가장 목숨이 끈질긴 존재

허수아비 → 농업에 이용되었던 인류 최초의 로봇

과대망상증 → 인간이 자신들을 만물의 영장이라고 자화자찬하는 것

가짜 → 진짜처럼 꾸며놓은 가짜와 진짜처럼 행세하는 가짜

정신병자 → 제 정신만으로 살아가는 인격자

천재 → 그는 사회를 수용하나 사회가 수용하지 않는 사람

시간 → 탄생과 소멸의 강

명예박사 → 자신이 진짜박사가 아니라는 사실을 대학이나 학술단체로부터 공식적으로 인정받은 사람

길 → 인간들은 본디 왔던 곳이며, 가고 있는 곳

소망 → 타인의 희생을 필요로 하는 마음

비상구 → 위급할 때의 하나님

술 → 마실 때는 찬양하게 만들고 끊을 때는 저주하게 만드는 물

불행 → 행복이라는 이름의 나무 밑에 드리워져 있는 그 나무만한 크기의 그늘

절망 → 혼수상태에 빠져버린 희망

꽃 → 피울음 끝에 벙그는 해탈의 등불

아파트 → 인간 보관용 콘크리트 캐비닛

자만심 → 가장 심오한 착각

존경심 → 자만심이 가득 차 있는 사람에게는 피어나지 않는 연꽃

'악마의 사전' 처럼 역시 비아냥거림과 조소가 없는 것은 아니지만, '감성' 의 말들은 그래도 약자를 안으려는 인간미가 보인다.

각별히 당부하지만 조심해서 써야지, 자칫 먼저 '말의 칼' 에 베이는 수가 있다.

일본인들은 인사는 길게 하지만 일상의 대화는 단문 형으로 하기 유명하다. 사람들이 일본어를 비교적 빨리 익히는 것도 간단한 일본어의 언어특성과 함께 그들의 언어습관을 보고 배우기 때문일 것이다.

일본의 짧은 시 하이쿠는 그들의 물건 만들기 방식인 경박단소(輕薄短小) 형식을 취하고 있다.

하이쿠

시인 류시화는 일본의 아주 짧은 시 '하이쿠'를 소개하면서 '한 줄도 너무 길다'라는 제목을 붙였다. 괄호 안은 작가이다.

얼마나 놀라운 일인가, 번개를 보면서도 삶이 한순간인 걸 모르다니! (바쇼)

얼마나 이상한 일인가, 벚꽃 아래 이렇게 살아 있다는 것은! (이싸)

달에 손잡이를 매달면 얼마나 멋진 부채가 될까? (소칸)

이 가을 저녁, 인간으로 태어난 것이 결코 가볍지 않다 (이싸)

이 덧없는 세상에서 저 작은 새조차도 집을 짓는구나! (이싸)

달팽이 얼굴을 자세히 보니 너도 부처를 닮았구나! (이싸)

도둑이 들창에 걸린 달은 두고 갔구나! (료싸)

몸무게를 달아보니 65킬로그램, 먼지의 무게가 이만큼이라니! (호사이)

장마가 시작되자 이름 없는 시냇물들도 잔뜩 긴장했다 (부손)

내가 경전을 읽고 있는 사이 이 나팔꽃은 최선을 다해 피었구나! (쿄로쿠)

내 집 천장에서 지금 자벌레 한 마리가 대들보 길이를 재고 있다 (이싸)

내 것이라고 생각하면 우산 위의 눈도 가볍게 느껴지네 (기가쿠)

그녀가 젊었을 때는 벼룩에 물린 자리조차도 예뻤다네 (이싸)

쌀을 뿌려주는 것도 죄가 되는구나, 닭들이 서로 다투니 (이싸)

추워서 잠이 오지 않는다. 잠들지 않으면 더욱 춥다 (시코)

달구경하는 사람들에게 구름이 잠시 쉴 틈을 주네 (바쇼)

재주가 없으니 죄 지은 것 또한 없다 (이싸)

이 미친 세상에서 미치지 않으려다 미쳐버렸네 (시메이)

은하게 어디에서 기다리고 있는가, 나의 떠돌이별은 (이싸)

프랑스의 한 대학에서 하이쿠 강의시간에 교수가 어느 학생으로부터 이런 요청을 받았다고 한다.

"교수님, 제목에 대한 강의는 그만하고 이제 본문에 대해 말씀해 주십시오."

한 줄밖에 안 되다보니, 시 전문을 학생들은 시의 제목으로 오해한 것이다.

글이나 말 모두 압축이 관건이다. 물론 장편소설에서는 여러 이야기를 끌어나가는 걸출한 스토리텔링이 있다.

짧은 시는 긴 시간보다 더 많은 것을 말한다. 몇 마디의 말, 눈빛, 손짓 같은 것으로 언어 너머의 것도 이야기한다.

시의 특성이 '모습을 먼저 보이고 마음은 뒤로 감추는 것' 이라면, 말도 그런 기술을 넣을 수 있겠다.

설명하지 않고 묘사하면 짧아진다.

당신이 읽어봤듯 하이쿠는 주로 자연과 감성을 말하기에 비어스나 이외수의 말처럼 새타이어(풍자) 기능은 적지만, 어디서나 꺼내도 무난한 잡음이 일지 않을 말들이다.

#3 유머 속성 제조법

가장 돋보이는 화술, 유머.

유머센스가 상종가를 치고 있는 시점이다. 처녀들은 총각의 '능력', '학력', '체력' 보다 '소력(笑力, 유머센스)' 을 먼저 보고 신랑감으로 점지한다.

당신도 그러는지 모르지만 사람들의 큰 착각 하나가 있다. 유머는 선천적으로 타고나는 감각을 요하는 것으로 알고 있다는 것이다. 그렇지 않다. 복잡한 말을 빨리빨리 잘해야 유머의 달인이 되는 것도 아니다.

공포탈출

후천적 노력으로 코미디언이 된 사람도 얼마든지 있다.

우선 겁내지 말아야 한다. 공포심에서 나와야 한다. 실패에 유연해져야 유머를 할 수 있다. 유머를 구사하기에 앞서 '상대의 반응이 어떨까, 혹시 기분이 상하게 되진 않을까, 못 웃기면 어쩌지?' 라는 걱정이 유머의 천적이다.

어차피 세상에 완벽한 사람은 없을 뿐더러 완벽을 추구하려다 스스로의 기대에 못 미친 것에 대한 불만으로 괴롭고 웃음 없는 삶을 살아갈 뿐이다.

그 누구도 당신이 스스로에게 했던 기대만큼 기대한 이는 없으니 안심해도 좋다.

타이밍

유머가 인체라면 그중 심장이 타이밍이다.

상투 직전에 팔아야 하고 바닥 조금 위에서 살 줄 알아야 절묘하다고 말하는 것처럼, 어느 시기에 어떤 말을 해야 유머가 되는지를 알아야 한다.

당신의 어머니도 이런 말씀을 하셨을 것이다.

"아버지께서 저녁식사가 끝날 때까지 기다렸다가 부탁해보려무나."

부탁의 말은 훨씬 뿌듯한 기분이 되어 있는 식후가 좋다는 것이다. 사람의 본능이다.

서로 말을 하려고 다투는 것도 말이 복잡해지는 원인 중 하나다.

외나무다리 위에서 각기 다른 방향에서 오는 염소가 서로 먼저 건너가려고 다투다가는 둘 다 건너지 못하고 결국 물로 떨어지는 것 아닌가. 대화도 마찬가지이다.

당신이 상대의 말을 듣다가 참지 못하고 반밖에 못한 사이를 비집고 끼어든다면, 하던 사람도 방해를 받아 횡설수설하고 당신 또한 마음이 다급해서 일단 끼어들긴 했지만 생각나는 대로 두서없이 말할 수밖에 없다.

유머는 꼭 타이밍이 적절해야 주효한다.

알맞지 않은 장소에서 지나치게 지껄이는 것은 유머가 아니라 유치한 농담에 지나지 않는다.

이쯤해서 상대를 반박하다가, 이쯤해서 자신을 낮추는 시기를 알아야 웃길 수 있다.

맑고 행복한 무드나 조마조마한 모험담의 클라이맥스, 감정의 대담한 노출 같은 소재의 유머는 스피드를 내어 다른 사람보다 먼저 하는 게 좋으며, 엄숙한 이야기, 딱딱하고 억제된 것을 말할 때는 남들 이야기가 다 끝나고 해야 한다.

또한 중환자가 있는 집안의 사람에게 초상집이나 묘지에 관한 조크를 해서는 안 되고, 이혼 직후의 사람에게 부부금실에 관련된 이야기는 즐거우면 즐거울수록 고통이다.

분위기

유머화술에서는 좋은 분위기이다 싶으면, 슬쩍 이야기를 미리 끝내거나 자리를 아예 뜨는 타이밍도 더러 필요하다.

상대에게 좋은 인상의 말을 남기면서 자리를 뜨는 최고의 타이밍은 바로 '분위기가 한창 업 됐을 때' 이다.

떠날 때의 인상은 꽤 오랫동안 기억에 남기에, 우물쭈물하거나 지나치게 서두르면 좋은 인상을 남길 수가 없다. 대화가 한창 무르익어 분위기가 고조됐을 때 당신도 과감하게 "저는 이만 실례하겠습니다."라고 말해보는 것이다. 상대는 뭔가 허전함을 느끼게 된다.

심리학에서는 이것을 '자이가르닉 효과(Zeigarnik effect)' 라고 하는데, 특정한 일을 하는 도중에 멈출 경우 그 일을 계속해서 수행하려고 하기 때문에 더욱 기억을 잘한다는 것이다.

웃음을 유발하는 코미디도 그렇고, 추리극도 한창 이야기가 흥미진진해질 때 '다음 회에 계속' 이라는 자막과 함께 끝내버린다. 시청자가 흥미를 잃지 않고 계속 시청하도록 만들기 위한 최고의 장치이다.

難센스퀴즈(난센스퀴즈)

빨리 외울 수 있어 상비하기 쉽고, 하다가 실수가 적은 유머유형이 난센스퀴즈이다. 이 퀴즈식 유머의 정답은 오직 당신이 정할 수 있다.

절벽에서 떨어지다가, 나무에 걸려 살아난 사람은?

(덜 떨어진 사람)

죽었다, 깨어나도 못하는 것은? (죽었다 깨어나는 것)

중학생과 고등학생이 타는 차는? (중고차)

'코끼리 두 마리가 싸우다가 코가 빠졌다' 를 네 자로 하면?

(끼리끼리)

'흥부가 자식을 열 명 낳았다' 를 다섯 글자로? (흥부 힘 좋다)

못 사는 사람들이 하는 직업은? (목수)

'아이 추워' 의 반대말은? (어른 더워)

'나는 1위, 2위, 3위보다는 4위가 더 좋아!' 는 누가 한 말? (장모)

절대 울면 안 되는 날? (중국집 쉬는 날)

나폴레옹의 묘 이름은? (불가능)

땅콩의 반대는? (하늘콩)

소금나라의 왕은? (왕소금)

일본에 왜 자판기가 많을까? (JAPAN이어서)

Tip

개그맨 유상무의 개그특강

술자리 혹은 여성과 함께 식사를 할 때가 많다. 이때가 유머가 필요한 시기이다. 그런 자리에서 어떤 유머들을 구사할 수 있을까?

먼저 여성과 식당에 들어서기 전에 식당 전화번호를 미리 휴대폰에 기록해둔다. 그리고 여성이 어떤 주문을 할 때 "잠시만, 내가 주문해줄게!"라며 휴대폰으로 전화해서 "여기 6번 테이블인데요, 물이랑 장 좀 더 갖다 주시겠어요?"라고 하는 거다. 이런 센스는 미리 휴대폰에 남긴 식당 전화번호보다 더욱 오래 여성의 마음속에 남게 될 것이다.

만약 여성과 처음 만난 사이라면 "누구 닮았다는 얘기 많이 듣지 않나요? 누구더라? 아 정말 많이 닮았는데."라고 하면 여성이 평소 한 번쯤 들었던 연예인들을 얘기하게 된다. "김태희요? 고소영?" 그때 "아! 엄마 엄마! 엄마 닮았어요!"

아니면 다른 각도로 "김태희 닮았어요!"라고 한다. 이 말을 들은 여자는 수줍게 웃으며 "정말요?"라고 되묻는다. 그럼 여자에게 "네가 생각해도 웃기지?!"라고 한다.(그러나 이건 친해진 다음에 해야 한다.)

또는 여성에게는 닭살멘트로 상대의 기분을 좋게 해줘도 곧 유머가 된다.

"로또 맞아본 적 있어요? 전 지금 맞았는데."

"전 별이 제일 무서워요. 잠시 후에 닥칠 당신과의 이별."

"예전에 이병헌이랑 송혜교 나왔던 드라마 제목이 뭐죠? 올인이요? 맞아요! 당신께 올인하고 싶어요."

꼭 갓 뽑은 상추처럼 신선하고, 독특하지 않아도 좋다. 마음껏 만들어보는 것이 중요하다. '웃기는 것이 좋아 즐길 뿐'이라는 생각으로 접근해야지, 반드시 웃겨야 한다는 당위성을 갖는다면 유머로부터 멀어질 뿐이다.

#4 자존심과 말

베트남에 전통적으로 전해 내려오는 이야기이다.

전쟁이 나면서 젊은 남편은 임신한 아내를 두고 전쟁터로 나가야 했다. 몇 년 후 그가 군대에서 돌아왔을 때 마을 입구에서 사내아이를 데리고 있는 부인을 발견하고 기쁨의 눈물을 흘렸다.

그들은 자신들을 보호해준 조상에게 깊이 감사드렸다. 남편은 아내에게 시장에 가서 조상의 제단에 놓을 과일과 꽃, 다른 제물을 사오라고 말했다.

그녀가 물건을 사러 시장에 간 사이 그는 아들에게 자신을 '아빠'라고 부르라고 말했다. 하지만 아이는 그의 말을 들으려 하지 않았다.

"아저씨! 아저씨는 저의 아빠가 아니에요. 우리 아빠는 매일 밤 집에 왔고, 엄마는 아빠에게 말을 하며 울곤 했어요. 엄마가 앉으면 아빠도 앉았어요. 엄마가 누우면 아빠도 누웠어요."

아이의 말을 들은 남자의 가슴은 돌처럼 굳어졌다.

아내가 돌아왔을 때 그는 그녀를 쳐다보지도 않았다. 조상님께 과일과 꽃, 향을 바쳤다. 그리고 절을 하고 나서 돗자리를 둘둘 말아 아내가 절을 하지 못하게 했다. 그는 아내가 조상들 앞에 나타날

자격이 없다고 여겼다.

그는 곧장 집을 나가 여러 날 동안 술을 마시고 마을을 돌아다녔다.

아내는 남편이 왜 그렇게 행동하는지 이해할 수가 없었다. 마침내 삼 일 뒤, 그녀는 더 이상 견디지 못하고 강물로 뛰어들어 스스로 목숨을 끊었다.

장례식이 끝난 저녁에 남자가 석유등잔에 불을 붙였다.

그때 어린 아들이 소리쳤다.

"여기 아빠가 있어요!"

아이는 벽에 비친 아빠의 그림자를 가리키며 말했다.

"아빠는 매일 밤 저렇게 왔어요. 엄마는 저 사람에게 이야기를 하며 많이 울었어요. 엄마가 앉으면 그도 앉았어요. 엄마가 누우면 그도 누웠어요."

아내는 자신의 그림자에 대고 이렇게 소리치곤 했던 것이다.

"여보, 당신은 너무 오랫동안 내 곁에 없군요. 저 혼자 어떻게 저 아이를 키울 수 있겠어요?"

어느 날 밤, 아이는 엄마에게 아빠가 누구이고 어디 있느냐고 물었다. 그녀는 벽에 비친 자신의 그림자를 가리키며 말했다.

"이것이 네 아빠란다."

그녀는 남편을 너무도 그리워했던 것이다.

그 순간 젊은 남편은 모든 것을 이해했다. 하지만 때는 이미 너무 늦어버렸다. 만일 남편이 아내에게 "여보, 나는 너무 고통스럽소. 매일 밤 어떤 남자가 집에 와서 당신과 이야기하고 함께 울었다고 아이가 말했소. 그리고 당신이 누울 때마다 같이 누웠다고 말했소. 그 남자가 도대체 누구요?"라고 물었다면, 그녀는 설명할 기회를 얻어 비극을 피할 수 있었을 것이다.

하지만 그는 자존심 때문에 그렇게 하지 않았고, 아내도 남편과 똑같이 행동했다. 그동안 혼자서 아이를 키우며 힘들게 기다렸는데 남편이 돌아와서 보여준 행동에 깊은 상처를 받았던 탓이다. 하지만 그녀는 남편에게 왜 그렇게 행동했는지 물어보지 않았다. 왜냐하면 그녀 또한 자존심을 버릴 수 없었기 때문이다.

진정한 사랑에는 자존심이 들어설 자리가 없다.

당신이 혹여 사랑하는 사람으로부터 상처를 받을 때, 자신의 고통이 사랑하는 사람 때문에 생겼다고 생각할 때, 이 이야기를 기억하면 좋겠다.

자존심 강한 사람은 말을 주저리주저리 늘어놓지 않는다. 변명하는 것처럼 들릴까봐 그러는 것이다. 거절을 당하면 더 이상 부탁하지 않는다. 부드럽게 수식하는 말을 하지도 못한다.

침묵으로도 소통이 가능하다고 했다. 그러나 서로를 잘 아는 경우에 해당하는 말이다. 앞의 이야기 속 부부는 한동안 함께하지 못했으니, 모르는 남처럼 어색했을 수도 있다.

짧고 쉬운 한 마디에 온갖 것을 다 담을 수 있는 법이다.

그래도 말은 해야 한다

일본의 유명한 인기 만담가 다테카와 단시(立川談志)가 어느 날 제자와 함께 유명한 음식점을 찾아갔다. 유명세만큼 가격도 만만치 않게 비싼 집이었다.

이 음식점뿐 아니라 전 세계 모든 식당에서는 유명인사가 찾아오면 꼭 사인을 받으려 한다. "우리 집에 이런 사람도 다녀갔다고!" 하며 자랑하기 위해서이다. 사람들은 유명인사가 인정한 맛이기에 이 집에 들어오려 한다. 심지어는 사인지 하나가 그 업소의 운명을 바꿔버리기도 한다. 그런데 인기인들은 '칭찬의 말' 만 써주고, 주인 역시 그런 말이 아니면 게시조차 하지 않는다.

그런데 코미디언 단시는 부탁을 정중하게 거절하려 했다. 사실 음식 맛이 생각보다 신통치 않았기 때문이다. '지금 우리 집에 오신 손님이 누구인가? 단시인데…….' 주인은 더욱 친절해지면서 이유를 물었다.

단시도 물론 굳이 나쁘게 대할 필요는 없다는 생각에 대충 '이 집 음식 맛있어요!', '단시가 반한 집입니다!' 라고 써주어도 됐을 것이다. 그는 한참을 생각한 뒤에 내가 어떤 말을 써도 붙여둘 거냐고 물었다. 주인은 순간 의아하긴 했지만, 그런다고 했다.

이제 당신은 단시의 코멘트를 주시해야 한다. 그가 쓴 짧은 글은 "참고 먹어!" 였다. 일본어로 반말이 분명했다.

재치 넘치는 말과 글로 유명한 단시가 '다소 당기지 않아도 인내심을 발휘해서 드세요.', '선택은 당신이 하셨습니다. 인정하고 드셔야 합니다.', '식사할 기회는 또 있습니다. 오늘은 포기하세요.' 라고 불편한 마음을 우회적으로 비판하여 썼을 수도 있다. 그러나 그는 정공법을 택했다.

여기서 놀라운 일은 또 벌어졌다. 식당 주인은 단시의 지독한 독설을 그대로 수용했고, 그 글귀를 당장 붙여뒀다. 주인의 과감함에 오히려 손님은 더 늘게 되었다.

단 한 마디일지라도 상대방도 인정할 수밖에 없는 말을 하면 꼼짝을 못하게 된다.

당신에게도 말할 수 있는 입이 있는 이상, 품위 있는 비판을 할 수 있는 재치가 얼마든지 가능하다.

Tip

'갑돌이와 갑순이'

커뮤니케이션의 불통시대에 벌어진 일이다.

갑돌이 총각과 갑순이 처녀는 한 마을에 살았고 서로 사랑했다. 그러나 그건 마음뿐이었지 어느 누구도 먼저 말을 꺼내지 않았다.

갑순이가 먼저 시집을 갔는데, 그녀는 달 보고 울었고, 갑돌이 역시 울고 울다가 화가 나서 장가를 갔지만 또 운다.

옛날 우리 선조들은 참 답답했다. 자기 마음을 그대로 드러내는 것보다 남이 짐작해서 알아주기를 바랐다. 그래서 마음속에 어떤 생각이 들더라도 직접적으로 표현하는 것은 양반들이 할 짓이 아니라고 생각한 것이다.

사실 남녀 사이에 있어서는 요즘 사람들도 자기 감정을 쉽고 명쾌히 드러내지 못한다.

NO를 ON으로 이끌기 #5

'NO(부정)' 를, 스펠링의 순서만 바꿔놓으면 정반대의 뜻 'ON(긍정)' 이 된다. '신(GOD)' 을 반대로 읽으면 '개(DOG)' 가 되듯 엄청난 변화이다. 표현을 살짝 달리하면 말이 크게 바뀐다.

우리가 많이 하고 듣는 말 "장시간의 설득 끝에 답을 이끌어냈다."라는 게 문제가 있다고 생각하지 않는가? 장시간의 노력이 얻은 것이 가연 가치가 있느냐는 것이다. 그리고 당장은 긴 대화로 상대의 답변을 받았지만, 상대가 오히려 혼란에 빠졌을 수도 있다.

끝장토론이라고 몇 시간의 이야기를 나눠도 결론도출은 그다지 쉽지 않다. 초저녁에 시작한 이야기가 새벽이 되어도 여전히 시작에 맴돌고 있는 '노사협정' 을 많이 본다. 그들의 '말 실력' 이 부족해서 합의에 이르지 못하지는 않을 텐데, 그 이유가 무엇일까?

당면과제를 너무 어렵게 생각한 것이고, 그러다 보니 긴장을 하는 것이고, 상대에게 설득 당하지 않으려고 작은 것에까지 토를 달면서 의심을 하고…… 말은 막상 열매를 맺지 못하고 잔가지만 뻗치고 만다.

이제 항우장사도 못 여는 '철옹성 문(NO)'을 스르르 열리는 '자동도어(ON)'로 바꾸는 방법을 먼저 연구해야 한다.

가끔 영화나 드라마에서 수사관이 용의자를 조사실에 불러다 놓고, 바로 심문하지 않은 채 일부러 오랜 시간 혼자 방치해두는 장면을 본 일이 있을 것이다. 얄궂게도 사람은 상대가 침묵하는 동안 최악의 경우를 상상한다. 긴 시간 동안 나쁜 결과를 떠올리던 용의자는 제풀에 꺾여 자백하거나 자기가 알고 있는 정보를 말하게 된다.

이런 경험은 당신도 있었을 것이다. 전화 통화 도중 상대가 아무 말도 하지 않고 그저 약한 숨소리만 보내올 때, 다급해져서 먼저 숨겼던 사실과 묻지도 않은 말까지 하게 되지 않던가 말이다.

보고를 마친 부하는 상사의 짧은 침묵이 암 진단을 내리려는 의사처럼 보인다. 그 침묵이 겁이 난다. 먼저 물어야 할 것인가, 조용히 다음 말을 기다려야 할 것인가 가슴을 졸이게 된다. 상사가 이윽고 입을 열었지만 속 시원한 말이 나오지 않는다. 큰소리로 야단이라도 쳐주면 좋겠는데, 그저 '으흠!' 하는 낮은 신음만 뱉는다. 부하는 극도의 공포에 질린다. 상사가 말한다.

"이게 아니야!"

이때가 가장 중요하다. 일거에 반전을 펼 기회도 동시에 얻는다. 그런데 뭔가 반응을 보여야 할 부하는 굳어버리고 만다. 부하의 짧은 침묵에 상사는 더욱 언짢아지고야 만다. 듣는 동안 상대방의 이야기를 충분히 인지했다는 아주 작은 표명이라도 있어야 했는데,

그게 계속 없는 것이다.

그렇다고 준비되지도 않고 채 정제를 시키지 못한 말을 황급히 쏟아내는 것은 더 큰 화를 부른다. 부하의 대답은 진중한 자세와 음성으로 "다시 하겠습니다!" 하면 충분할 수도 있다.

내가 스피치 특강에서 아주 자주 말하는 내용이다.

'분홍 코끼리' 라는 스피치커뮤니케이션 용어가 있다.

메이저 방송사 BBC에서 오랜 세월 앵커로 일한 커뮤니케이션 전문가 빌 맥파란의 말이다. 대화에서 무조건 빠르게 반응하기만 하면 만사형통인 것은 아니라는 설명을, 이 세상에 존재하지 않은 '분홍 코끼리' 에 빗댄 것이다. 억지로 '분홍 코끼리' 를 보이지 말라는 것이다.

긴박한 대화에서는 부정적인 어휘나 표현이 불필요할 뿐 아니라 위험하다.

맥파란의 조언인즉 "너무 늦은 시간에 전화 드린 건 아닌가요?" 대신에 "아직 일하고 계실 것 같아서 전화했습니다."라는 표현을 사용하라고 말한다.

'아' 다르고 '어' 다르다

보브 호프는 6·25때 우리나라에 미군들의 위문공연을 왔던 유명한 코미디언인데, 전쟁터의 군인들이 겪는 엄청난 스트레스를 익살로 풀어줬다. 그는 고지가 높은 산은 '가슴이 큰 여인'에, 낮은 고지는 '작은 가슴의 여자'에 비유했다.

조지 번즈도 보브 호프 못지않은 코미디언인데, 두 사람은 모두 100세까지 살았다.

조지 번즈는 만년까지 담배를 무척 즐겼는데, 그가 회원인 골프장에 "흡연금지" 표지판이 내걸리자 내심 불만이 컸다.

다음날 조지 번즈의 요청으로 흡연금지 표지판을 다음과 같이 바꿨다. "95세 미만은 흡연금지입니다."

그의 재치는 빛이 났다. 이후 번즈는 골프장에서 담배를 피우는 유일한 내장객의 혜택을 입었다.

화장실 변기가 고장이 나면 강압적인 표시의 "사용금지" 표가 붙는다. 그런데도 물이 넘치거나 지저분한 흔적이 있다. 안내나 경고를 무시하고 일을 본 것이다. 어느 화장실, 고장 난 변기에 붙어 있던 이 문구는 사람들 모두에게 빙그레 웃음을 짓게 하고 고개를 끄덕이게 했다.

"열심히 일한 변기, 오늘은 쉽니다."

자동차도 그렇고, 말도 그렇다. 방향을 바꾼다고 해서 운전대를 아주 크게 틀 필요는 없다. 약간의 조율이면 소리가 크게 달라지는 피아노처럼 말도 살짝살짝 손을 봐야 한다.

공자는 『논어』에서 말에 대한 생각을 적고 있다.

"말을 교묘히 늘어놓는 자와 낯빛을 잘 꾸미는 자는 어진 이가 드물다. 나는 그런 이들과 말을 아니 하고 싶다. 말은 한 마디로 뜻만 전달되게 하면 그만이다."

괜히 길게 수선을 떨어도 결코 남의 관심을 끄는 말이 되지 못한다는 뜻이다.

Tip

본저(本著)의 'KISS(키스)'는 당연히 '짧고 단순하게 말하기(Keep It Short & Simple)'이다. 그러나 실제로 '입맞춤 같은 말하기'도 매력이 넘친다.

우선 학설로의 '키스'이다.

인류학자들은 아직 입맞춤이 학습에 따른 것인지 본능적인 행위인지에 대해 근본을 파악하지 못한 상태이다. 짐승들 사이에서 볼 수 있는 몸을 손질하는 행위와 관련된 것으로 볼 수도 있고, 어머니가 먹이를 미리 씹어서 새끼들에게 주는 결과로 나타나는 것일 수도 있다고 보는 정도이다.

어쨌든 키스는 애정확장의 가능성이 있는 상대방과의 생물학적 접촉을 위해 서로의 페로몬을 느끼게 해줄 수 있는 특별한 행위이다.

애초에 키스는 이마=우정, 코=행운, 볼=반가움, 입술=사랑, 귀=그리움, 목=욕구, 손등=존경을 뜻한다고 했다.

근대 서구문명에서 키스는 아주 활발한 커뮤니케이션의 도구이다. 1차적으로 애정표현의 기능이다. 매우 안면이 있는 사람들 사이에서, 키스는 환영의 인사 또는 작별의 인사이다. 그러던 키스가 때로 아이들에게 즐거움을 주고, 애정을 표현하기 위해서 행해지기도 하고, 키스를 받은 아이들은 무한한 상승기운을 갖는다.

키스 이외의 그 어떤 표현도 사랑의 감정이나 성적인 욕구를 대신하지 못한다. 키스만큼 확실한 결과를 담보하는 커뮤니케이션 행위는 쉽게 찾을 수 없다. 두 사람이 입술을 맞대는 것은 대화를 끝냈거나 하지 않아도 된다는 최고의 우호의 증명이다.

키스처럼 말하기이다.

- 상대에게 맞는 방식을 택해야 한다. '프렌치 식(긴)' 대화이거나 '버드 식(짧은)' 대화이거나. 처음에는 짧은 게 좋다.

- 때로는 기습적일 필요가 있다. 상대가 생각할 시간을 주지 않는다.
- 구강청결이 우선이듯 먼저 할 말이 깨끗한지 살펴야 한다.
- 중간에 끊지 않으면 숨이 막힌다.
- 먼저 본론(혀)을 꺼내서는 안 된다.
- 침을 묻히거나 튀기지 않아야 한다.
- 때와 장소를 가려서 해야 한다.

성공한 사람들의 말 #6

경영인, 정치인, 종교인, 연예인 등은 하나같이 말을 잘한다. 말 잘하는 사람이 결국 세상을 지배한다는 말은 맞다. 그들은 말이라는 수단을 통해서 자신을 충분히 알려서 톡톡히 효과를 본 것이다. 현재의 위치 또한 걸출한 스피치 능력이 있어서 유지가 가능하다.

가공할 힘을 가진 스피치 능력은 곧 성공을 부르는 가장 중요한 요소라는 것이다. 두말할 것 없이 의사전달이 명확한 사람에게는 그만큼 기회가 더 많이 부여되기 때문이다.

그렇다면, 성공화법이 따로 있을까?

있다. 당신이 아직 성공을 못했다면 다른 요인 이전에 화법에 문제가 없었는지 시급히 점검해볼 일이다.

침묵은 금이고 웅변은 은?

당신의 이제까지의 인식을 바꿔야 한다.

하품이나 아예 침묵만도 못한 말이 있긴 하지만 침묵은 절대 금이 아니고, 은조차도 되지 못한다. 오직 웅변만이 금일 뿐이다. 당연히 좋은 말이라는 전제가 붙지만.

성공한 사람들은 말을 잘하는 법을 안다. 우선 잘 듣는다. 절대 자기 이야기만 해서 듣는 사람을 지루하게 만들지 않는다.

모임이나 음식점에 가면 말을 안 하고(못하고) 잠자코 앉아 있는 사람이 있다. 조용해서 주위의 눈총을 받지는 않지만 인정을 받지도 못한다. 돈을 내지 않아도 되지만 끝내 빛을 내는 기회는 갖지 못한다.

성공한(할) 사람은 마구 떠들지 않는다. 소란스럽게 말하지 않는다. 간결하지만 강한 힘이 실리는 말을 할 뿐이다. 말을 독점하지 않지만 그렇다고 모두 내어주지도 않는다.

음성도 성형이 가능하다

당신은 음성에 대해서 다소 무심한 듯하다. 성우 같은 수려한 보이스칼라를 갖기는 물론 힘들다. 그러나 음성의 중요성을 알아야 한다.

내용이 아무리 좋으면 뭐하겠는가. 전달력 중 큰 분야가 바로 음성의 모양이다. 목소리가 좋으면 60%의 점수를 갖는다고 했다. 맨 먼저 상대가 인식하는 것은 콘텐츠가 아니고 목소리이다.

우리는 서로 겉모습에 치중하지 말고 내면을 가꾸자고 말하면서도 외모에 목숨을 건다. 목소리 역시 외모처럼 가꾸기 나름이다. 외모를 어찌하지 못할 때 옷이나 장신구로 커버를 하듯, 목소리도 자신이 없으면 부드럽고 힘찬 음색을 갖는 방법을 연구해야 한다.

예쁜 아가씨가 못으로 긁는 목소리를 내거나, 멋진 외양의 교장 선생님이 모기처럼 기어들어가는 목소리라면 모두 실망하고 만다. 왕이 내시 같은 방정을 떠는 목소리라면 어디 위엄이 서겠는가.

뭐든지 부단한 노력이 필요하다. 목소리 개선법 중에 자신의 목소리를 직접 듣는 것이 있다. 녹음이 힘들면 빈 강당이나 욕실에서 외쳐보면 된다.

흔히 목소리는 입에서 뱉는 것이 아니고 배가 밀어내는 것이라 한다. 맞는 말이다. 입술놀림을 줄이며 깊은 소리를 내는 습관을 들여야 한다.

독서를 할 때 주위를 살핀 다음 방해 받는 사람이 없다면, 소리를 내어 읽어보는 것도 중요하다. 쉰 목소리 정도는 식초를 조금 탄 따뜻한 물 한 컵만으로도 즉석에서 고칠 수 있다.

안개작전

황희정승은 '회색인간' 이었을까?

여자 하인도 옳고, 이웃집 사람도 옳고, 그렇게 말하는 자신을 탓하는 부인의 말도 옳고, 나중에는 자기도 옳은 대열에 슬그머니 선다. 용기가 없거나 비겁하거나 말의 재간이 없어서 그렇게 이야기한 것이 아니다. 핵심 사안은 지금 조금 중요할 뿐이지, 큰 문제가 되지 않기에 짧은 말로 얼른 끝맺음을 한 것이다. 아무도 억울한 사람이 생기지 않았는데, 다행이지 않은가.

노련한 연예인이나 정치인들은 책임질 말은 요리조리 피하면서 말한다. 당신도 그 말을 나쁘게만 생각하지 말고 사용해보기 바란다. 자칫하면 어느 한쪽을 편들게 되는 상황이 생길지 모른다. 가급적 적은 양의 단어를 사용해서 말하되, 둘 다 나쁘거나 둘 다 좋다고 해야 한다. 큰 신념을 표할 때도 이런 방법을 쓰라는 것은 아니다.

당신도 대답하기 싫거나 아는 상식이 확실히 부족할 때가 있다. 억지로 말할 필요가 없다는 것이다.

고유의 스타일 개발

명MC 김제동을 키운 사람은 역시 MC인 '방우정' 이지만 둘의 화술을 보면 희한하게도 스승 방우정이 제자 김제동을 흉내 내고 있는 것 같다.

광고인들이 말하듯 누군가를 흉내 내는 것은 죽는다는 뜻인데도 둘은 스타일이 같다. 그러나 실은 김제동이 청출어람(靑出於藍)을 한 것이다.

기이하게도 스승이 제자 탓에 손해를 보고 있다.

스피치 대가들의 공통된 특징은 자기만의 스타일을 가지고 있다는 것이다. 축구선수가 드리블, 킥, 헤딩, 빠른 걸음 등 어느 하나의 장기를 가져야 하는 것처럼 나만의 비장의 무기가 있어야 한다.

손짓발짓을 많이 쓰는 독특한 제스처를 개발해도 좋고, 따스한 감정이 느껴지는 사근사근한 목소리를 갖는 것도 한 방법이다.

개성이 살아 있는 스피치여야만 주목을 받는다.

"그는 말이 짧지만 담을 건 다 담아내!"

이런 평가를 받는 스타일이 최고일 것이다.

확실한 반대의사 표현

회사 사장인 당신의 말에 직원들이 '보너스가 많다', '보너스는 적다', '보너스가 없다'로 해석이 분분하게 이야기하고 있다면, 큰 문제이다. 당신은 '보너스는 곤란하다'는 말을 충분히 잘 설명했다고 생각하겠지만, 길기만 했을 뿐 너무 애매모호했던 것 같다.

당신의 확실치 않은 태도에 아랫사람들은 엉뚱한 기대를 하고 있는 것이다. 이웃집 총각 믿고 50세까지 시집을 안 간 처녀와 같은 결과가 생긴다. 이건 분명히 낭패이다.

당신에게 부탁해오는 내용이 능력 밖의 것이라면 뜸이나 시간을 들이지 말고 바로 말해야 한다. 물론 마음속 고민은 함께하겠다는 정중한 멘트는 필요하다. 그것도 길면 상대나 당신이나 피차 구차해진다.

'솔직하게 말해서'

당신이 가릴 것 없이 다 벗으면 상대는 좋아한다. 그러면 곧 상대의 속을 낱낱이 보게 된다. 당신을 따라 그도 솔직해지기 때문이다.

인기 코미디언 이홍렬은 내숭 떨지 않고 솔직하게 이야기하여 다른 사람을 웃긴다. 그러나 솔직한 마음가짐을 가지라는 것이지, 오히려 알게 되어 상대가 불쾌하게 생각하는 것마저 까발리라는 것은 아니다. 가릴 것은 가리자. 다만 가리는 이유를 솔직히 이야기하면 된다.

또한 달변보다는 진실한 한마디가 훨씬 감동적일 때가 있다.

코미디에 이런 것이 있다. 지하철 안 이동상인의 물건소개 멘트가 영 신통치 않았다. 그는 당황하는 기색을 보이며 처음부터 다시 하겠다는 정중한 양해를 구했지만 더욱 심하게 더듬어 다시 실패하고 말았다. 그런데 의외의 일이 생겼다. 승객들은 그를 동정하고 솔직한 성품에 물건을 더 사준 것이다. 여기에 기가 막힌 반전이 있다. 그는 평상시 말을 잘하는데 일부러 서투른 듯 행동한 것이다. 고도의 전략이 아닐 수 없다.

때로는 화려한 미사여구보다 진실한 마음이 담긴 한마디가 더 많은 박수를 받는다.

꼭 덧붙이고 싶은 말이 있다. 말을 많이 하면 많이 안다는 평가보다는 실없는 사람으로 비친다. 설령 하고 싶더라도 진실이라는 확신에 섰을 때 짧게 언급해야지, 착하지도 않고, 효과도 입증되지 않고, 필요하지도 않은 말은 하지 않는 것이 상책이다.

단, 우리 인생에는 밤을 새워가며 꼭 해야 할 가치 있는 말도 너무나 많다.

Tip

스피치에서 말 이외에 중요한 것들

★ 옷도 말을 한다

때와 장소에 어울리는 옷을 고를 줄 아는 감각을 기르자. 적절한 대화를 나누기 위한 기본조건에 차림새가 꼭 포함된다. 깔끔한 정장을 한 사람이 '죽인다'고 말하면 살해를 뜻하고, 작업복을 입고 말할 때는 '아주 좋다'는 뜻이 된다.

따라서 옷차림은 연설의 성패를 좌우할 만큼 강력한 힘을 지니고 있다. 말과 옷은 곧 하나이다. 늘 준비되어 있어야 한다.

★ 상대의 눈높이에 맞춘 화제

어떤 그룹 안에서 말을 잘한다고 인정받는 사람은 화제 자체를 잘 고른다.

하루살이 앞에서 말할 때, 내일을 말하는 대신 오늘에 충실하라고 한다.

여자들 앞에서 군대 이야기 말고 화장품 이야기를 한다.

노인들에게 하는 연설의 주제는 '추억'이다.

아무리 다방면에 해박하다 해도 상대가 관심을 두지 않는 분야를 말하면 금방 하품을 받는다.

★ 말보다는 눈을 맞춘다

시선처리가 중요하다. 미네소타대학 커뮤니케이션학회는 말을 하면서 적어도 상대를 2분씩 지속적으로 응시하라고 말한다. 사랑고백에는 눈빛이 뿜어내는 감정이 반드시 포함되기 마련이다.

★ 적절한 도구 사용

요즘 강의나 연설에는 대부분 프로젝트가 많이 쓰인다. 이때 지나치지만 않다면 비주얼 자료의 도움을 받는다. 다음 이야기가 생각나지 않을 때 탁자 위의 물을 마셔본다. 막대기(지시봉)도 위엄을 준다. 주제와 깊은 관계가 있는 책을 손에 들 필요도 있다.

에필로그

빠진 이야기를 적어보기로 한다.

면사무소 말단서기였던 아버지는 하루 종일 민원인과 말을 하고 호적등본을 떼어주면서 익히셨는지 말과 글에 일가견이 있으셨다. 아버지는 당신보다도 더 웃어른들이 오셔서 각자의 어려운 고민을 상의할 때도 아주 '산뜻하고 가볍게' 해결책을 말하셨고, 그들은 대개 만족하며 되돌아갔던 것 같다.

그런 아버지가 여러 딸을 두다가 얻은 아들인 내게 가하신 말과 글 교육은 가히 스파르타처럼 혹독했다.

아버지의 저녁식사는 반찬이 적었지만, 반주를 깃들이기에 매번 길어질 수밖에 없었는데, 그 시간에 국어책 한 장씩을 한 번은 낭독을 하고, 한 번은 책을 덮고 암기한 상태로 소리 내어 말해야 했다.

어머니는 아동학대라고 맞섰지만 실상 나는 그다지 고역을 느끼지 못했고, 나중에는 칭찬에 즐겁기만 했다. 독서 및 연설대는 작은 개다리소반이었다.

나의 어린 시절이면 지금의 문명시기 이전인 상당히 오래전이고, 그것도 깡촌이다 보니 교과서 말고는 읽을 책이 어디 있었겠는가. 오로지 국어책을 읽고 또 읽다가 나중에는 책 한 권을 다 외우게 되었다.

중고등학교 때는 웅변을 했고, 대학 때는 대학방송 아나운서를 하면서 기성 방송사의 작가도 했다. 군대시절에는 아주 전방에 근무했지만 휴가를 자주 나왔다. 웅변대회 1등에 차트 브리핑을 잘한 포상휴가였다.

방송작가가 되어 돈을 벌기 전에는 초중학생을 가르치는 입주 가정교사를 했는데, 과로누적의 생활이 결핵성늑막염을 갖고 온 적이 있었지만, 한편으로는 그 덕에 아이들을 상대로 말하는 연습을 더 할 수 있었다.

2010년 6·2지방선거가 있었다.

말이 선거운동기간 내내 홍수 때처럼 넘쳤다. 말이 사람보다 더 많았던 것 같다. 후보자는 당선되기 위해 많은 말을 한다. 그런데 본인이야 머리가 뛰어나 겹치는 말 없이 청산유수로 한참을 늘어놓지만 유권자는 몹시 헷갈려 혼동을 겪을 지경이다.

거리유세 연설이나 방송토론을 보면서 느꼈다. 같은 구호를 외치듯 간결한 말을 반복하는 것이 낫지, 왜 저렇게 긴 말을 어렵게 할까.

'S&S(짧고 간결한) 스피치' 는 전달 효과가 뛰어날 뿐 아니라 시간과 기력을 절약할 수 있다. '시간이 돈'이라는 만고불변의 진리가 있듯 간결하게 말하면 많은 돈을 절약하게 된다.

고백하지만 나도 만연체로 말하는 습관이 없지 않다. 스스로 진단컨대 학생들을 가르치다 보니 생긴 버릇이지 싶다. 그래서 이 책을 쓰면서 제1의 독자는 나라는 생각부터 가졌다. 나를 위한 보약이기도 하니 꽤나 정성스럽게 달이고 달인 것 같다.

또한 우리말과 글은 구조에서는 과학적이어서 세계적으로 아주 우수한데, 몇 가지 문제도 동시에 지니고 있다. 간결함을 좇아 짧게 하다 보면 애초에 많이 생략되는 주어가 숫제 빠져버려 자칫 반대로 읽히고 들리는 오해를 불러일으키는 수도 있다.

그래도 말은 짧아야 멋이 배가된다.

길이는 단문을 유지하되 뜻은 장문 같은 걸 담을 수 없을까? 그 고민으로 시작한 작업이 이 책의 출발이었다.

이 책 곳곳에 등장하는 단어는 '짧다'라는 형용사이다.

'말이나 글 따위의 길이가 얼마 안 되거나 그걸 빠른 행동으로 할 때' 짧다는 말을 쓴다.

'짧은 연설, 짧게 대답하다, 짧게 웃다, 짧게 한숨을 내쉬다, 문장에 자신이 없으면 구절을 짧게 끊는 것이 좋다, 짧게 부르짖다, 시는 보통 산문보다 길이가 짧다' 같은 말로 예를 들어 사전식 정의를 설명할 수 있다.

'짧은 다리' 처럼 잇닿아 있는 공간이나 물체의 두 끝의 사이가 가까운 것도 '짧다' 라고 한다.

'짧은 기간', '짧은 생애' 처럼 이어지는 시간상의 한 때에서 다른 때까지의 동안이 오래지 않은 것도 그렇고.

'짧다' 는 또 '짧은 지식', '짧은 밑천' 처럼 자본이나 생각, 실력 따위가 어느 정도나 수준에 미치지 못하여 모자라다 등의 뜻도 있지만 이 책에서는 그런 의미들을 배척했다.

기업체와 기관 등지에서 강의를 하면서 나만 유리하게 가져본 느낌이지만, 아무리 생각해도 입 하나로 큰 효과를 발휘한다는 것은 매력 중 최고 매력이다.

전 미국대통령 빌 클린턴은 1회 강의에 1억에서 5억까지를 받는다. 명강사는 음절 하나에, 능력 있는 작가는 한 자에 얼마씩의 높은 금액부과가 가능할 것이다.

'우리도 그렇게 값진 말을 할 수 없을까?' 가 내 고민이고 풀어야 할 숙제였다.

마지막으로 여러분께 권하고 싶다.

말을 잘하는 기술을 가지려면 항상 시간이 날 때마다 '자기' VS '상상 속의 상대' 와 대화를 해보라는 것이다. 때로는 소리를 내는 토크도 해보면 놀랄 만큼 말에 자신감이 붙을 것이다.

평상시의 의식적 대화생활에서는, 사실 여러 이유로 제대로 말을 하지 못한다. 지하철 안이나 일생생활에서 스쳐지나가는 사람을 볼 때도, 상상 속의 이미지와 대화를 나눠보라.

말 한마디가 주는 기쁨과 슬픔은 실로 대단하다.

무심코 던진 성의 없는 말 한마디가 상대 마음에 깊은 상처를 남기기도 한다. 반대로 정성을 깃들인 친절한 말은 짧고 쉽게 할 수 있는 것이지만 그 메아리의 파장은 지구를 감고도 남는다.

| 참고자료 |

아래의 책과 글들을 찾아 일일이 읽으며 아이디어 힌트도 얻고, 내용 중 일부는 참고로 삼았다.

나는 이 책들이 모두 뛰어나서 한탄을 했다. '나는 왜 이런 생각을 먼저 하지 못했을까?', '논리가 참 정연하다!' 등의 내가 갖지 못한 것에 대한 질투도 느끼면서 아둔함과 게으름을 반성하기도 했다.

논문처럼 인용 표시를 정밀하게 하지 못한 것에 대해 원작자들의 넓은 이해를 구할 뿐이다.

〈단행본〉
김옥정, 『대통령 명연설문』(월드컴 출판사, 2008)
김재화, 『내 머릿속에 들어온 333인의 도둑』(한아름, 1995)
류시화, 『한 줄도 너무 길다』(이레, 2000)
사이토 다카시, 『코멘트력』(명진, 2005)
서정만, 『앵무새는 나는 것이 서투르다』(비전, 1980)
송숙희, 『워딩파워』(다산북스, 2008)
안은표, 『성공하는 사람들을 위한 72가지 화술』(시아, 2008)
웨스트 버츠, 『벽을 눕히면 다리가 된다』(스마트비즈니스, 2009)
윤석민, 『커뮤니케이션의 이해』(커뮤니케이션북스, 2008)
이외수, 『감성사전』(동숭동, 1994)
임태섭, 『스피치커뮤니케이션』(커뮤니케이션북스, 2006)
정철, 『세븐센스』(황금가지, 2009)
A·비어스, 『악마의 사전』(우신사, 1982)

〈신문〉
부산일보
스포츠조선
일요신문
조선일보
한겨레신문

부록 – 어록모음

성공하는 대화법

kiss하듯 말하라!

:: 법정

승려. 속명은 박재철. 1932년 10월 8일~2010년 3월 11일. 출가수행자로 조계종 길상사의 주지가 되었으나 스스로 내어주고 무소유의 삶을 실천함. 많은 저서가 있음

◆ "무소유란 아무것도 갖지 않는다는 것이 아니라 불필요한 것을 갖지 않는다는 뜻입니다." (1997년의 길상사 창건 당시를 회고하며)

◆ "아름다운 마무리는 끝이 아니라 새로운 시작입니다." (『아름다운 마무리』 중에서)

◆ "우리는 필요에 의해서 물건을 갖지만, 때로는 그 물건 때문에 마음을 쓰게 됩니다. 그러므로 많이 갖고 있다는 것은 그만큼 많이 얽혀 있다는 뜻입니다." (『무소유』 중에서)

◆ "우리 곁에서 꽃이 피어난다는 것은 얼마나 놀라운 생명의 신비인가. 곱고 향기로운 우주가 문을 열고 있는 것이다." (『산방한담』 중에서)

◆ "빈 마음, 그것을 무심이라고 합니다. 빈 마음이 곧 우리들의 본마음이죠. 텅 비우고 있어야 거기 울림이 있고, 울림이 있어야 삶이 신선하고 활기가 찹니다." (『물소리 바람소리』 중에서)

◆ "삶은 소유물이 아니라 순간순간의 있음이다. 삶은 놀라운 신비요, 아름다움이다." (『버리고 떠나기』 중에서)

◆ "사람은 본질적으로 홀로일 수밖에 없는 존재다. 홀로 사는 사람들은 진흙에 더럽혀지지 않는 연꽃처럼 살려고 한다." (『홀로 사는 즐거움』 중에서)

◆ "나는 누구인가. 스스로 물으라. 해답은 그 물음 속에 있다." (『산에는 꽃이 피네』 중에서)

◆ "그 누구도, 내 삶을 대신해서 살아줄 수 없다. 나는 나답게 살고 싶다." (『오두막 편지』 중에서)

◆ "우리가 지금 이 순간 전 존재를 기울여 누군가를 사랑하고 있다면 다음에는 더욱 많은 이웃들을 사랑할 수 있다. 다음 순간은 지금 이 순간에서 태어나기 때문이다." (『봄여름가을겨울』 중에서)

◆ "행복할 때는 행복에 매달리지 말라. 불행할 때는 이를 피하려고 하지 말고 그냥 받아들이라." (『아름다운 마무리』 중에서)

∷ 김수환

1922년 5월 8일~2009년 2월 16일. 가톨릭 성직자로 한국 최초의 추기경. 세례명 스테파노. 1951년 사제 서품을 받았고, 1969년 교황 바오로 6세에 의해 추기경에 임명됨

◆ "정의를 위해 싸우는 것은 결국 무엇을 위해서입니까? 그것은 인간을 위하고, 인간다운 사회를 이룩하기 위해서입니다. 인간을 사랑하기 때문입니다." (정의와 평화를 구하는 9일 기도 메시지, 1986년 3월 9일)

◆ "맨 앞에서는 저를 보게 될 것이고, 제 뒤에는 신부님들, 그 뒤에는 수녀님들이 있을 것이고, 우리를 다 넘어뜨리고 난 후에야 학생들이 있을 것입니다." (6·10 항쟁 때를 회고하며)

◆ "언제 어떻게 죽느냐 하는 차이는 있어도 결국 다 죽을 수밖에 없는 운명에는 여러분이나 저나 이 자리에 있는 누구나 세상 사람 모두 같습니다." (서울구치소 사형수들을 위한 미사강론, 1999년 7월 2일)

◆ "사랑하는 사람들과 떨어져 있는 것만으로도 힘든 것입니다." (외국인 근로자를 위한 첫 미사 강론, 1994년 4월 24일)

◆ "내 삶을 돌아볼 때마다 가장 후회스러운 것은 더 가난하게 살지 못하

고, 고통 받는 사람들에게 다가가지 못한 부분입니다. 저는 봉사활동을 한다고 했는데, 의무감에서 나온 '땜질식 사랑' 을 크게 벗어나지 못했습니다."

◆ "사랑을 너무 많이 받았다. 서로 사랑하라." (김 추기경이 남긴 유언)

:: 버락 오바마

1961년 8월 4일 생. 미국의 최초 흑인 대통령. 하버드대학교대학원 법학박사이며, 2009년에는 노벨평화상을 수상함. 그의 핵심 정치철학은 개혁에 있다.

◆ "사랑하는 연인에게 프러포즈할 때 돈을 많이 벌기보다 재미있게 살게 해주겠다고 해야 한다." (젊은이들에게)

◆ "리더십은 이력서에서 나오는 것이 아닙니다." (경험부족을 지적 받자)

◆ "패리스힐튼보다 더 많이 알려진 느낌입니다." (높은 인기를 실감한다면서)

◆ "가장 좋은 이미지 메이킹은 저 자신을 그대로 드러내는 것입니다." (글을 쓴다는 것에 대하여)

◆ "제가 컬럼비아나 하버드에 간다는 것은 전혀 예정에 없던 일이었지요." (유년시절을 회상하며)

◆ "사랑하는 아이들 곁에서 책을 읽어줄 때 천국에 온 느낌입니다." (독서의 중요성)

◆ "사람들이 얼마나 새로운 정치에 굶주려 있는지 깨닫게 되었습니다." (대통령 후보가 되고 나서)

◆ "신념에 배치되는 것이라면 일고의 가치도 없습니다." (문제를 결정할 때의 기준)

◆ "편안하고 두루뭉술한 말만 해서는 안 됩니다." (매력적인 연설)

◆ "정치는 사업이 아니라 사명입니다." (오바마의 정치적인 의제)

◆ "워싱턴을 대변하는 것이 아니라 워싱턴에 가서 여러분을 대변하는 것입니다." (미래에 할 일에 대하여)

◆ "평생 공장에서 일한 사람에게 컴퓨터 전문가가 되라고 할 순 없지요." (직업교육의 허구)

◆ "여성의 선택권을 존중합니다." (낙태와 선택권 낙태에 관하여)

◆ "법만이 아니라 사람들의 태도도 바뀌어야 합니다." (개혁운동의 지침)

◆ "돈이 아니라 의지가 있는 사람들이 교육을 받을 수 있어야 합니다." (교육의 목표)

◆ "젊은이들이 더 잘할 수 있다면, 때로는 과감하게 치고 나갈 필요도 있습니다." (세대 갈등을 푸는 법)

◆ "총기 난사자의 마음속에도 구멍이 있다는 사실을 인정해야 합니다." (빈번한 총기 난사를 보며)

◆ "모든 아이가 꿈을 이룰 수 있는 나라여서 미국은 위대합니다." (아메리칸드림)

◆ "역사가 우리를 좌지우지하게 할 것이냐, 우리가 역사를 바꿀 것이냐 하는 문제입니다." (미래의 꿈)

◆ "나쁜 사람이라기보다 우리와 믿는 게 다른 사람일 뿐이지요." (조지 부시에 대하여)

◆ "아프리카 여행을 하다 보면 모든 게 밝고 아름답지만은 않습니다." (아프리카에 대한 생각)

◆ "민주주의는 번잡하고 성가신 제도입니다." (민주주의)

◆ "정치의 가장 큰 문제는 상실에 대한 두려움입니다." (그의 눈에 비친 정치)

김제동

대한민국의 대표적 MC, 개그맨으로 1974년 2월 3일 생, 경상북도 영천 산. 2008년 이명박 대통령 취임식 사회를 보기도 했으나, 2009년 故 노무현 前대통령 '노제,사회' 가 정치적 문제로 비화되기도 했다.

◆ "사랑했다면 앞을 보고, 사랑할거면 서로를 보고, 사랑한다면 같은 곳을 보라."

◆ "사랑은 기댈 곳을 찾는 곳이 아니라 기댈 곳을 만들어주는 것"

◆ "우주는 존재합니다. 하지만 여러분들이 없는 우주는 존재하지 않습니다."

◆ "남자친구를 기다린다고 생각하지 말고, 자랑스러운 남자친구를 내 조국에 임대해주었다고 생각하세요." (남자친구를 군대에 보낸 여성분들에게 남자친구를 기다려달라며)

◆ "여러분은 아직 금의 아름다움보다는 별의 아름다움을 즐기실 나이라고 생각합니다."

◆ "하늘의 별만을 바라보는 사람은, 자기 발아래의 아름다운 꽃을 느끼

지 못한다."

◆ "당신이 이 세상에 세 잎 클로버로 태어난 것을 더 이상 슬퍼하지 마십시오. 만약 당신이 네잎클로버로 태어났다면 이미 누군가에 의해 당신의 허리는 잘려져 나갔을 것입니다."

◆ "날 버리고 간 사람에게 복수하지 말고, 후회하게 하라." (괜히 술 먹고 그 집에 가서 창문에 돌 던지지 말라며)

◆ "사랑이 아름다운 이유는 기억을 추억으로 만들어준다는 것입니다."

◆ "여자는 첫사랑을 기억에 남기고, 남자는 첫사랑을 가슴에 남긴다."

◆ "영원히 살 것처럼 꿈을 꾸고, 내일 죽을 것처럼 오늘을 살아라."

◆ "가장 낮은 사랑이, 가장 깊은 사랑일 수도 있다."

◆ "자신의 단점을 깊숙이 숨겨두지 말고 햇볕을 쏘이게 하라. 그래야 그 단점이 광합성을 하여 꽃을 피울 수 있다."

◆ "모든 인간이 자신이 불행하다고 생각하는 단점도 다 신의 창조계획과 의지가 담겨져 있는 것이다."

◆ "백조라는 것은 언젠간 호수를 박차고 날아오를 새"

◆ "매일 맑은 날만 계속된다면 이 세상은 사막이 되었을 것이다."

◆ "세상에서 최고로 느낄 수 있는 기쁨은 최고로 체념할 때이다."

◆ "운명은 우연을 가장해서 찾아온다."

◆ "하늘에 계신 분에게 통하는 유일한 길은 기도이고, 사람에게 통할 수 있는 유일한 길은 정직이다."

◆ "나는 당신을 사랑하기 때문에 사랑하는 것이 아니라 사랑할 수밖에 없기 때문에 사랑하는 것입니다." (영화 〈번지점프를 하다〉의 대사를 인용)

◆ "사랑은 '그렇기 때문에' 가 아니고 '그럼에도 불구하고' 이다."

◆ "흐르는 강물을 잡을 수 없다면, 바다가 되어서 기다려라."

◆ "견디기 힘든 고통이란 것은 견딜 수 없는 고통의 반대말이다."

◆ "세상에 내가 믿는 유일한 신은 당신입니다."

◆ "사람이 만든 책보다 책이 만든 사람이 더 많습니다."

◆ "판소리의 추임새와 같은 맞장구쳐주는 말이 소중한 것이다."

◆ "그 사막에서 그는 너무나 외로워 때로는 뒷걸음질로 걸었다. 자기 앞에 찍힌 발자국을 보려고." (오르탕스 블루의 시 「사막」을 인용)

◆ "앉아 있는 신사보다 서 있는 농부를 생각하는 하루 되세요."

◆ "말은 짧지만 마음은 위대하다."

김재화 ::

작가 · 교수 · 골프칼럼니스트 · 유머코디네이터 · 웃는나라만들기운동 본부 본부장 등으로 활동하고 있으며, 500여 편의 방송 글을 썼고, 40여 권의 저서가 있으며, 3천여 회의 강의를 기록 중. 본서(本書)의 저자

◆ "편안한 삶을 원하지? 안정된 삶을 원하고? 확실히 보람된 삶을 원하지? 근데, 왜 퍼질러 놀고 앉아 있나?"

◆ "사람은 누구나 가슴 속에 '좋았던 옛 시절' 이 있다. 우울할 때는 그 속으로 들어가면 된다."

◆ "10대는 20대가 부러워해주고, 20대는 30대가, 30대는 40대가…… 80대는 90대가 부러워하고, 90대는 염라대왕이 부러워하니 인생의 나이는 아무 때나 다 좋다."

◆ "너는 자면서 침을 흘리지만, 다른 사람들은 책장을 넘기며 침을 흘린다."

◆ "먼 훗날에 후회하는 일은 저지른 일이 아니고 하지 않은 일이다."

◆ "친구를 비판할 때 마음이 아프면 무방하다. 그러나 친구를 비판하는 데서 조금이라도 즐거움이 느껴진다면 입을 다무는 것이 좋다."

◆ "약속시간보다 일찍 도착하면 남들이 초조해하는 사람으로 본다. 늦게 가면 게으른 사람이라며 불쾌하게 생각한다. 정확히 시간을 맞춰서 가면 지나치게 빈틈이 없는 사람이라며 싫어한다. 이때 약속 장소에 나가지 않으면 나쁜 사람이라며 욕을 한다."

◆ "죽을 만큼 노력해. 내일 넌 죽을 만큼 웃을 수 있으니까."

◆ "지난 달에는 무슨 걱정을 했었지? 작년에는? 그것 봐. 기억조차 못하잖아. 그러니까 오늘 네가 하고 있는 걱정도 생각해보면 별일이 아닐 거야. 잊어버려. 내일을 향해 사는 거야."

◆ "노력한다고 해서 다 성공하지는 않아. 하지만 성공한 사람들은 다 노력했어."

◆ "해질녘에는 의자를 사지 마라. 아무 의자에나 앉아도 편안하다. 당신의 인생에 석양이 질 때에도 사람을 사귀지 마라. 누구나 좋을 것이다."

◆ "네가 꿈을 이루면 넌 다시 누군가의 꿈이 되지."

◆ "비록 약한 사람이라도 자기가 이길 것이라는 확신을 갖고 싸우면 이길 수 있다. 그런가 하면 자기가 지리라는 걸 알면서도 싸움에 뛰어드는 사람도 있는데, 이상하게 그가 이기기도 한다. 하지만 그 승리는 차라리 패배만도 못한 것이다."

◆ "흰 머리가 늘었다고 기죽지 말라. 지붕 위에 눈이 쌓였다고 보일러가 가동되지 말라는 법은 없으니까."

◆ "기회는 명찰을 달지 않는다. 가버린 뒤에야 '아, 기회였구나!' 하고 알게 된다."

◆ "촛불은 다 타서 꺼질 무렵이 가장 밝다. 사람도 죽기 바로 전에는 현명하고 착해진다."

◆ "아무리 나이가 많은 사람일지라도 아이스크림을 먹다가 떨어뜨렸을 때는 어린아이와 똑같은 표정을 짓는다."

◆ "과거를 실제보다 더 좋았던 것으로 부풀려서 생각하고, 현재는 실제보다 더 나쁘게 생각하고, 미래는 비현실적으로 훌륭하게만 그리니 그 때문에 행복을 느끼지 못한다."

◆ "사람들은 자기의 잘못된 처지를 환경 탓이라고 말한다. 만약 환경이 말을 할 수 있다면 그 사람을 나쁘게 만들지 않았다고 항변할 것이다."

◆ "남이 시간을 오래 끌면 능력이 부족해서 그렇다고 하고, 내가 시간을 오래 끌면 철저해서 그렇다고 한다."

◆ "빨간 신호등 앞에 서 있는 시간, 엘리베이터를 기다리는 시간, 화장실 앞에 서 있는 시간, 제시간에 와서 누군가를 기다리는 시간, 때맞춰 오지 않는 버스나 기차를 기다리는 시간은 신이 알아서 빼준다."

◆ "남에게 비밀을 알아내려면, 이쪽의 비밀을 먼저 이야기해야 한다."

◆ "죽었다가 다시 살아난 사람에게서 들은 이야기이다. 살아가면서 중립

을 취해버리면 그 당시는 편하다. 그러나 지옥에서 가장 끔찍한 자리는 살았을 때 중립을 취했던 사람들이 차지하게 된다."

◆ "부자가 되는 것은 돈을 얼마나 버느냐에 있는 게 아니고, 얼마나 저축하느냐에 있다."

◆ "오늘 왜 걷냐고? 안 그러면 내일 뛰어야 해."

◆ "철학이란 정장을 하고 나온 상식에 불과하다."

◆ "심장은 오늘 깨닫고, 뇌는 내일 이해하고, 손발은 모레쯤 행동한다."

◆ "돈 많은 사람들은 경험하기 힘들다. 마지막 할부 값을 내고 난 뒤의 그 느낌을!"

◆ "유머감각이 있는지 없는지 알려면 그 사람에게 '당신한텐 유머감각이 없소.' 라고 한 다음 그의 반응을 보면 된다."

◆ "가장 귀한 향수는 가장 작은 병에 담겨 있다."

◆ "나는 햇빛이 비춰지지 않을 때에도 태양이 있다는 것을 믿는다. 나는 사랑을 느낄 수 없을 때에도 사랑이 있다는 것을 믿는다. 나는 하나님이 침묵하실 때에도 그분이 계시다는 것을 믿는다."

◆ "한계는 스스로 설정하는 것!"

◆ "impossible(불가능)에서 땀 한 방울만 흘리면 I' m possible(나는 가능하다)이 된다."

◆ "Life란 단어에 if가 있는 이유는 삶에는 항상 가능성이 있기 때문."

(수치를 무릅쓰고 '어록(語錄)' 이라 이름 붙인 이 말들은 필자가 십 수 년 전에 내놓은 졸저(拙著) 『내 머릿속에 들어온 333인의 도둑』에서 발췌한 것입니다.)

정성을 깃들인 친절한 말은
짧고 쉽게 할 수 있는 것이지만
그 메아리의 파장은
지구를 감고도 남는다.

-본문 중에서